U1014240

给你 offer

——人力资源经理陪你找工作

周石　陈筱睿　主编

中国社会出版社
国家一级出版社·全国百佳图书出版单位

图书在版编目（CIP）数据

给你 Offer：人力资源经理陪你找工作／周石，陈筱睿主编. —北京：中国社会出版社，2015. 12

ISBN 978－7－5087－5197－9

Ⅰ. ①给…　Ⅱ. ①周…　②陈…　Ⅲ. ①企业—招聘—基本知识　Ⅳ. ①F272. 92

中国版本图书馆 CIP 数据核字（2015）第 278367 号

书　　名： 给你 offer——人力资源经理陪你找工作
主　　编： 周　石　陈筱睿

出 版 人： 浦善新
终 审 人： 李　浩
责任编辑： 陈　琛
助理编辑： 郭晋慧　　　　**责任校对：** 高建春

出版发行： 中国社会出版社　邮政编码：100032
通联方法： 北京市西城区二龙路甲 33 号
电　　话： 编辑室：（010）58124854
销售部：（010）58124841
（010）58124842
网　　址： www. shcbs. com. cn
shcbs. mca. gov. cn
经　　销： 各地新华书店

中国社会出版社天猫旗舰店

印刷装订： 中国电影出版社印刷厂
开　　本： 170mm×240mm　1/16
印　　张： 14. 5
字　　数： 230 千字
版　　次： 2015 年 12 月第 1 版
印　　次： 2015 年 12 月第 1 次印刷
定　　价： 30. 00 元

中国社会出版社微信公众号

序言 / Preface

2014年11月12日是APEC会议的最后一天，学校还在放假，屋外开始寒冷，我们在办公室修改完稿子，看着打印出的初稿，思绪万千……

桌上放的书稿是我院与同学们共同编写的第五本书：第一本是2011年1月出版的《求职就业职业发展》；第二本是2012年3月出版的《冲向职场》；第三本是2013年5月出版的《我的职场我做主》；第四本是2014年4月出版的《我在大学谈恋爱》。

这本书的创作过程是这样的：2013年开学伊始，我们与升入大学二年级的同学们交谈，发现很多同学对将来的就业存在疑问和困惑。我们觉得这种情况在大学生群体中应该是普遍的，所以萌生了写一本关于大学生就业的书的想法。又鉴于我们学院率先在全国开设人力资源管理专业，多年来不仅培养了各领域优秀的HR（人力资源经理），同时还和很多其他院校毕业的HR保持了良好的关系，所以我们将视线放在了采访这些有经验的HR身上，让他们现身说法，来帮大学生答疑解惑。

在得到同学们的热烈共识之后，大家开始着手拟定问题提纲，联系采访对象，整理访谈内容，形成初稿，反复讨论，头脑风暴，相互修改，互提意见，直至最后定稿……在此过程中，同学们投入了大量的时间和精力。我们被同学们忘我的工作热情、克服困难的韧劲和追求完美的精神所感动，也为有这样的学生而感到骄傲和自豪。

本书有以下特点：

1. 采用访谈的形式。使用了采访的形式，保留了受访者原汁原味的回答，还原了采访的基本场景，让读者可以身临其境，聆听 HR 的精彩解答。读者感受的情感是真实的，像朋友一样与人力资源经理交谈，思想上容易产生共鸣。

2. 内容按照求职过程的时间先后排列。此书有从最初的职业生涯规划到最终求职成功，再到对职业环境的适应等章节，覆盖了同学们在找工作过程中可能遇见的问题，并就此在 HR 那里找到了他们心中的答案。同学们在找工作时，可以按时间顺序阅读这本书。遇到问题有针对性地阅读这本书，会得到很好的答复。

3. 对同样问题有不同的答案。人力资源经理们来自各行各业，他们的见解基于他们的工作背景，政府、事业单位与企业的文化差异可能造成了对于同一问题的不同解答，而这些有相似点又有差异的答案均被整理成文。答案不同，本身就告诉我们应聘过程的复杂性。被聘用、不被聘用是多种原因造成的，我们切不能把问题简单化，可以说“多思”是应聘成功的“捷径”。

4. 角度新颖。目前，市场上指导大学生就业的书也不少，但是从人力资源经理的角度来谈大学生就业的书还不多。这本书选择的角度新颖。人力资源经理与招聘大学生的工作最为直接，他们每年都要面对就职的大学生，大学生在就职过程中常犯什么错误，如何避免，他们是最清楚的，让人力资源经理来谈这方面的经验，应该是最好的。

5. 提供了许多新观念，列举了许多鲜活的例子。书中许多新观念，让我们眼前一亮。过去我们从来没有这样想问题，今天知道了人力资源经理是如何看待我们的，他们是怎样评价“优秀人才”的。特别是书中有许多鲜活的例子，给我们身临其境的感觉，让我们知道了更多的道理。

感谢每一位受访者，他们从忙碌的工作中抽出时间欣然接受我们的访谈，敞开心扉，给我们带来了很多精彩的见解和真实鲜活的经历。

感谢所有为这本书付出心血的学生，没有他们的努力，就不会有这本书的完成。尤其要感谢邓愚凡、刘畅、徐玥、付灵锐同学在统稿、校对阶段所作的贡献。

感谢出版社的王晓翔编辑。学院组织同学编写的五本书，都是她编辑的，没有她的辛苦劳动，我们是不可能组织同学出版这么多书的。她为本书也提出了许多宝贵的意见，并在文字编辑、封面设计以及出版等方面做了大量的工作，我们对她表示非常感谢！

亲爱的读者朋友们，当你们阅读此书时，不妨把自己当作一个采访者，与资深 HR 们面对面，将心中蕴藏已久的疑惑一并抛出，来一场职业生涯的修行。

最后，请允许我借此机会真诚祝愿：愿所有学子前程似锦，所有年轻人都有光明的未来。

周　石　陈筱睿

2015 年 6 月 30 日于中国人民大学

劳动人事学院求是楼 443 号房间

目录 / Contents

第1章　HR的求职修行

付灵锐

被访者：

王保祥，就职于中国五矿集团公司人力资源部。2007年6月，硕士毕业于中国人民大学。毕业前，他曾求职于三星、雀巢等著名外企，汉王科技、神州数码等优秀民企，中国联通、中国五矿集团公司等国有企业和商务部这一政府机关。在得到了众多offer后，王保祥最终选择了加入中国五矿集团公司，并一直在此工作至今。

中国五矿集团公司成立于1950年，是以金属、矿产品的开发、生产、贸易和综合服务为主，兼营金融、房地产、物流业务，进行全球化经营的大型企业集团，是由中央管理的国有重要骨干企业之一。2013年，美国《财富》杂志世界500强榜单中，中国五矿集团公司居世界500强企业第192位。

引 言

佛说：修行是走一条路，一条通往我们内心最深远处的路。求职之途，亦如修行之路，是一个不断叩问自己内心，完善自我修养，以实现自身理想的过程。

作为步入社会的必经阶段，求职有着其内在的周期与特征：从自我的定位到机会的选择，从一份份简历的投递到一场场面试的博弈，求职是一种需要经验积累的艺术。因此，初次求职的我们都渴望能够得到前辈的指点，渴望从前人的经验中得到一点经验，一点启示。更何况，每个人的求职经历都是一个鲜活饱满的故事，聆听他人的故事就犹如品味了别样的人生，以人为镜，方明得失。

人力资源管理专业的毕业生在成为一名专业HR之前，也只是普通的求职者，也曾走过那段充满了泪水和欢笑的求职之路。因此，当他们在人力资源岗位上工作了几年之后，再回首过去，分享给我们的或许又是不一样的故事。

◆ 求职过程中的心态问题

请问：人们都说求职是一件特别辛苦的事，您的求职经历如此丰富，是什么支撑着您一直奋斗下去的呢？

我认为求职中最重要的就是心态要好。求职是一个漫长的过程，这不仅是体力的挑战，也是心力的挑战。所以，你不得不调整自己的心态，以一种更开放更乐观更积极的心态去对待一次又一次的求职，去结交新朋友，包括跟你一起应聘的同专业的人，或者是不同院校不同专业的人。每个人都有不同的精彩，你能从他们身上学到很多东西。因此，求职的过程也是一个学习的过程。

面对求职时的竞争对手，你的心态是跟别人争一块蛋糕呢，还是把它当作你人生的一次经历，让它变得更加丰富美好？我觉得我更愿意做一个付出者、奉献者。比如，我在雀巢面试时，一同面试的同学们一起小组讨论，一起聊天，很是投缘。我就主动提出我来做个联络表，让大家把联系方式都写在纸上。我做好后建个 QQ 群，回头发给大家，以便大家长期保持联络。正是这一小小的举动，后来对我的职业生涯发展提供了很大的帮助。我们这一群“竞争对手”，面试之后都成了朋友，经常在网络上联系，分享一些信息。甚至后来我写毕业论文的时候，都是他们帮我发的问卷。所以说这就是改变心态的结果，你不仅仅是在求职，还是在拓展你的职业路径。因为我知道这些和我应聘同一个人力资源岗位的人，肯定都很优秀，这就是我的财富。

当你以这种心态去看待许多工作机会的时候，它永远都是为最适合，但不一定是最强的人准备的。就像我在航天五院进行面试的时候，一开始我并不愉快，因为他们会不断地追问你一些失败的经历或者凄惨的经历，让你觉得非常不舒服。而且，每个人都要被面试一个小时，从早上一直等到了中午，所以我当时还特别事儿地给他们提了意见。直到后来我才反思到他们其实是在有意考验你的承压能力，所以采用了压力面试的形式。毕竟，这个行业对心理素质要求特别高。但你当时没能理解到这个深意，也就没有缘分了。即使你真正理解到了，刻意去伪装，也不一定是最好的，毕竟适合自己的才是最好的。所以，如果明白了这个道理，你就可以更从容地去享受求职的过程了。

◆ 不同企业的求职感受

请问：您在得到了这么多工作机会后，为什么选择了五矿，而没有去外企或者商务部呢？

其实，我们学院的毕业生去外企的很多，所以我当初也去参加了雀巢的群面，还去三星培训基地实习了一周。其中，在三星的感触特别深。首先，我们当时一共去了四个学生，其他三个都是会韩语的，有两个是朝鲜族的，还有一个是语言学院本硕学了六七年的韩语。在那儿，无论工作期间还是吃饭期间，他们很多时候都说韩语，这点就让我感觉格格不入，可以说是语言文化的隔阂。所以，汉族人在三星的发展的确是有瓶颈的，当你升到一定级别之后，你就爬不上去了，因为人家毕竟是家韩国企业。至于雀巢，主要是因为难以保证解决北京户口，而且感觉快销行业也不太适合我。

至于商务部，想进商务部其实是很辛苦的。公务员统考你考再高也没用，商务部还会单独组织一次笔试，一共四套题，分申论、外语、经贸综合、职业性向测试四个部分，七个半小时做完，接着才有面试、录像，过程很复杂。然后，第二面的时候有十几个处级以上的领导参与。如果你是一个普通家庭出身的孩子，可能就会发现自己很难去把握这些机会，因为国家部委在我们心中永远都是那么高大上。但是我的心态特别开放，反正这些难得的高大上的笔试、面试经历都是免费的。最后商务部让我去体检，我想去就去吧。我觉得这是个机会，大不了体检证实自己身体到底好不好。后来政审的时候我也没太在意，当时自己在四川跟着咨询师做人力资源咨询项目。

但是到了最后，当选择权到了你手里的时候，你就需要思考，到底是去企业还是去部委，是在企业里赚钱，还是在政府里往上熬。我在整个笔试面试的过程中，都深切体会到了作为一个普通人家的孩子，如果去了商务部，我估计自己不会喜欢那种住在破旧的筒子楼宿舍里，盼着早日分房的生活。我只想要一个收入还可以、能够让我不再啃老的工作，因为家里已经为我付出够多了。

总之，无论做什么，你都不能把赌注都押在一个上面，要努力争取让自己有更多的选择权。就像找工作一样，如果你一门心思想去某家企业，那你就会变得很被动甚至很偏执。很多时候，把心态放开，然后就会有更多更好的选择。所以说你就必须得提前做好各方面的准备，英语、专业课都要优秀，还要有各种类型的实习经验。

◆ 健康的求职过程

请问：您刚刚反复提到以开放的心态去求职，那么您认为健康开放的求职过程应该是怎样的呢？

求职是一个完整的历练过程，有其自身的发展周期，是一个在循环提升中实现自我的过程。总结我做校园招聘时的感受和自己的求职经验，我认为积极健康的求职过程应该包括以下几个阶段。

第一，你要对自己进行准确的定位。你需要想明白你想干什么、你能干什么，社会又给你提供了怎样的机会，这样就能避免过高或过低的求职预期和其他方向性的错误。

第二，你要判断什么是你心仪的工作。首先，地域因素，对于很多应届生而言，是在一线城市追梦，还是逃离北上广。这关乎到你自己最核心的价值观，你追求的是什么，是个人成就，还是家庭幸福。其次，你所处的行业，是不是一个健康发展的朝阳行业，未来发展的机会如何。再者，这家企业在行业中的地位，是不是有一定的实力。像五矿，在金属矿业领域里肯定是数一数二的。另外，就是看你的部门，它在这家企业中处于怎样的地位，是否在战略上受到重视。然后，就是你部门的同事，也就是面试你的这些领导，你要看你和他们是不是投缘，在以后的工作中能否愉快地相处。继而是福利待遇，是否能够满足你基本的生活需要。最后，就是你未来在这个平台上的职业前景。观察公司领导层的结构，你可以初步估计五到八年后，你是否能够达到令自己满意的高度。

第三，求职过程中需要不断修正你的目标。最好不要一开始就把目标定得很窄，广撒网，多尝试，才更容易找到最适合自己的工作。并且，对相应的岗位要做合适的准备，你要明白你是适合这儿才去，如果你的条件远超于这个岗位的要求，人家也不会要你，哪怕你愿意去，人家也不会要你，因为他们也会担心你能在这里干多久的问题。你要不断地修正，明白自己有什么样的价值，适合奉献给什么样的企业。

第四，客户导向的意识。你其实是在卖一种产品，这种产品就是你的服务，它是等值地给你提供市场定价的，也是对你的一种社会认可。所以你要明白你为企业准备了什么。因此，长期来说，你需要通过学习，不断地补足自己的短板，不断完善并修正自我；短期而言，针对不同的岗位，你应该有不同版本的简历，甚至不同风格的自我介绍。

第五，一旦决定，不再后悔，踏实干上几年。最关键的一点就是你要问自己的内心，你真的愿意在这个平台上奉献你五到八年的青春吗？因为如果你不干个五年八年，真的很难学到核心的东西。

◆ 面试技巧分享

请问：看来您对求职的确有着很深刻的理解啊。那您有没有什么独特的面试技巧可以分享给大家呢？

我认为在求职的过程中，每个人都应该有自己的策略。你一开始会去一些小公司，这是你积累笔经和面经的一种过程。很多时候，包括沟通能力，也是你慢慢锻炼出来的。只有经过了“量”的积累，才能有“质”的飞越。所谓“技巧”，只是你需要琢磨怎样才能最有效地从错误中学习，避免再犯同样的错误，以及怎样将你最好的一面展现给用人单位。

我觉得比较有意思的一点，就是我当初找工作时一直有一个“错误总结表”。当我第一次去面试时，对方是中石油下面一家企业的办公室主任，聊完了递给我名片，名片是 ××× 总经理办公室主任，我一紧张就喊成了李总好，对方说不是，应该是主任，于是就搞得挺尴尬的。但当时我还是很有心的，回去就总结了自己的错误，并做了一张 Excel 表，将此次面试的时间、地点、面试人、自己做得好的地方和做得不好的地方都记录了下来。在以后的求职过程中，我不断地总结每次笔试面试的体会，总结自己有哪些失误，比如“说得太多了”。有时你觉得你口若悬河，聊到了喜欢的专业领域或者 Topic，就说得太多，但是实际上对方已经接收信息量过剩了。所以你没必要说那么多，视对方情况，点到为止。以此，便可以一点点地积累经验，像叫错职位这类比较低级的错误就再也不会犯了。

还有一点就是无领导小组讨论，这个也是需要你去仔细思考的事：你在群体中应该扮演一个怎样的角色。印象特别深的一次，是我在中国通用技术集团的一次群面经历。我们被分成两组，每一组有几个人，要出一个年度培训计划，在那里我发挥了核心的作用。因为我在实习的时候曾经做过类似工作，而且我理论非常扎实，知道哪类培训应该怎么做，年初的培训应该考虑哪些问题，比如涉及经费的问题，不同层级的管理人应该有配套的培训，这些成体系的专业知识在我脑子里都有非常清晰的框架。那么，我扮演的角色就是一个出主意的人，一个二把手，一个支撑者。而且，我主动推选我们小组的发言人，因为我知道哪个人更靠谱。其实，你是能够准确地感觉到哪些人是可以作为你的合作者的。我推荐了一个比较健谈的帅哥上去讲，而我则帮他把那些图都做了出来，当然他讲不下去的时候也是我上去给他补充的。所以我顺利通过面试。除了角色定位，你还要注意自己发言的质量。我去合益集团应聘实习生时，与很多北大、清华的学霸竞争，无领导小组讨论时阵势就特别大，但他们有时候就只是为了说而说，其实跟前一个发言人说的都是一样的。像这种情况就会令人很反感，而且在 HR 看来，他们只是为了秀秀英文口语，言之无物，没有推进项目讨论的进行，是没有效率的。

总之，所谓的“面经”，其实都是需要积累的。当时五矿最后面试时，有个领导问我，那你来到这儿，会干多久呢？我说：五矿这么大的平台，至少干个五到八年吧。虽然当时让人感觉是顺口一说，但是背后都有你自己对职业生涯发展的思考和规划在里面。而且我现在也非常感谢和珍惜五矿集团这个发展平台，马上就进入第八个年头了。所以，你要敏锐地发现对方问你这句话背后是想考察什么。如果笔试面试经验丰富的话，对方一说什么，你马上就能明白他想要知道什么，甚至预判他进一步的考察目的，立马就能很敏锐地回答出来，让整个面试的沟通交流过程非常顺畅。这些都需要你有很多失败或成功的笔试面试经验，需要你自己去总结，然后慢慢你就变成面霸了。

采访总结

采访完王保祥的求职经历，我们都感到收获颇丰。求职，不仅是经验的积累，而且是行为的艺术。每个站在求职门前，走在求职途中，或是回头再看求职之路的人，都不妨再一次问问自己，在这条路上我学到了什么，又将要去往何处。

求职之路，或悲，或恸，或迷惘；求职之战，是实力的对决，亦是心态的考验。所有的机会都是为有心的人准备的，扎实的专业知识，敏锐的观察能力，较强的学习能力，再加上良好的求职心态，优秀的人总能在众多求职者中脱颖而出，进入一个最适合自己的平台。

求职是一场修行，修行是为了遇见更好的自己。

第2章　制订职业规划（1）

王诗怡　付孟瑶　张昌剑

被访者：

汪洁，在中国人民大学完成本科、硕士、博士学位后进入某国企担任人力资源经理的职位，起薪每年20万元，几年后升任人力资源总监。

引 言

在人才竞争的时代，职业生涯规划成为职业生涯成功的一项利器。当你带着一脸茫然进入大学生活时，其实这正是进行职业生涯规划的开端。当你完成学业，踏入这个拥挤而复杂的社会时，其实这正是实现职业生涯规划的过程。一份好的职业生涯规划能够使我们更加了解自我发展的方向，把握职场中的机会，对于可持续的职业发展大有裨益。

但是职业生涯规划在很多人看来是难以有效实施的，你想不到如何去设计不失偏颇的职业生涯规划，你也可能认为很多职业生涯指标难以衡量，你更难以想象年轻的自己如何勾勒未来几十年的职业发展轨迹。并且你也一定想要知道如何才能用现在的规划为未来职业发展之路点燃一盏指路明灯。

为此，笔者带着大家对于职业生涯规划的普遍疑惑采访了某大型国有企业人力资源总监，希望她能为我们解惑答疑。

◆ 职业生涯规划的过程

请问：职业生涯规划并不是一件容易的事情，您能结合自己的经历和我们谈谈您职业生涯规划的过程吗？

最初接触职业生涯规划是在大学的职业生涯设计课程上，当时老师布置了一个规划职业生涯的作业，让我们做出 5 年、10 年、15 年，甚至是退休以后的规划。当时我并不是很敢想那么久以后的事情，做出的规划也非常的简单，比如说 30 岁要拿到年薪 20 万的工资或者说做到人力资源总监这样的级别。但是在这整个过程中我曾非常认真地分析过自己，我觉得自己的性格比较外向，喜欢与人打交道，适合做管理方面的工作。之后我上了研究生，读了博士。虽然我的学术表现很出色，导师也认为我是学术的苗子，但是因为我比较喜欢自由的生活，希望上完班赚完钱以后剩下的时间是自己的，因此继续做学术在学校当老师并不适合我。读博士的决定，也是基于职业生涯的考虑。由于我的家庭背景比较普通，我认为如果自己毕业以后直接找工作，找到的可能就是一份平庸的工作，然后熬五六年得到一个升职的机会，但是如果拿着一份博士学位找工作起点就会更高一些。起初，我也希望出国读博，但考虑到职业生涯的需要，在国外几年可能就和国内脱节了，于是决定仍然在国内读博，期间申请一年出国交换。

有了之前的准备和积累，在我进入第一家公司时我就和老板提出要从人力资源经理做起。在那之前我做过人力资源的咨询项目，于是我进去就跟他讲清楚我的优势与劣势以及我为什么符合要求，老板听完以后非常满意。于是，我的起薪二十几万。当时我才 25 岁，我设定的 30 岁的目标提前 5 年实现了，两三年以后我做上了人力资源总监。

但是之后我发现了一个事实，这个公司的平台还是太小了。此外，它的行业含量小，这个公司所在的行业撑死了只有一个百亿的市场，但是它需要跟几个龙头企业一起去抢这个百亿的市场，在这种情况下，我能预计到它的未来可能只是一个几十亿的市场。这不是我想要的，我想换一个含量更大的行业，我做人力资源总监也要做大公司的人力资源总监。于是，我做出了我的职业生涯的第二步决策，就是到我现在这家公司，它的市场含量是千亿级别。

我已经在考虑接下来的计划。3 年之后，我的工作内容很可能不再局限于人力资源，而是往企业管理的方向发展，或者是自己创业，毕竟人力资源还是太窄。

这就是我个人的过程，看得出来我每一步都是自己想过的，思考过的，目的性很强。

◆ 职业生涯规划时的挑战

请问：在实现职业生涯规划的时候我们会面临很多的挑战，即使我们非常努力也可能得不到自己想要的结果，遇到这样的情况，我们应该怎么办?

这个问题确实存在。我可能相对幸运一点，虽然过程很辛苦，但最终的结果是我想要的。那些没有得到想要结果的人可能有两种原因，一种是他可能真的不够努力，另一种也可能是时机没有到。

其实，有时候事情是这样的，你能想到的事情一定都会做成，这个世界能够给你的那一面都是你能够想到的。我一直以为我会一直给别人打工，但是当你发现身边很多创业成功的例子，你也就会开始关注创业，一旦你开始关注，你就发现这也是一条路。一旦你看到的东西变多了，你的思维就会变。有时候我们需要转变思维，把自己往那个方面去设计，时机成熟我们就能够实现目标。

◆ 学历的作用

请问：学历在职业生涯规划中是一个非常重要的方面，请您再具体谈谈您的博士学位对您的职业生涯有怎样的帮助。

学历可以充当敲门砖的作用，它能让你获得一个机会，但是这个机会过后，该怎么样还是怎么样，它不会让你得到所有的机会，最后做得好不好，完全取决于你个人的能力。我读硕士时曾在 IBM 实习，负责教我的人没有任何学历基础，只是在新西兰读了一个大专，但是由于在这行工作了很久，所以他做得很好，比如说他做 Excel 表格十分细致。我现在认识的很多人力资源总监，虽然他们只有本科，但是他们做得很好。

但从另一方面来讲，博士学历培养出的是一种思维和习惯，它会给你带来一种研究精神。我知道一个个案，她的专业能力很强，虽然老板派给她的只是最简单的会议记录的工作，但是她通过每次开会去了解每个人的专业能力并且做出一张表，从工作意愿和工作绩效这两个维度对每个人进行了盘点，分出可以大力提拔和仍然存在问题的员工。或者同样都是做工资，有的人一天到晚都在做工资，而另一个人利用分析数据发现公司工资有问题，设计出了一套方案给老板，要求老板第二年进行薪酬制度的改革。

采访总结

通过采访我们发现，一个良好的职业生涯规划需要有清晰的自我认知，对于自我的合理认知可以避免对未来发展方向的错误估计。此外，职业生涯规划需要有明确的目标。明确的目标既是职业生涯规划的前提，又可以帮助我们在职业生涯发展中做出适时的调整。

第3章　制订职业规划（2）

王诗怡　付孟瑶　张昌剑

被访者：

贾老师：北森测评技术有限公司培训师。

北森测评公司成立于2002年，是中国起步最早的人才管理企业，11年来，一直专注于人才管理技术的研究，经历和推动了中国人才管理的发展进程。

北森测评公司还拥有自主的人才管理研究院。

北森人才管理研究院成立于2004年，是国内成立时间最早、规模最大，唯一专注于人才管理技术的研究机构，积极致力于真正适合本土人才管理解决方案的研发。

贾老师担任培训师，主要负责培训企业的测评人员，具有丰富的行业经验。

引　言

当你带着一脸茫然进入大学生活时，其实这正是进行职业生涯规划的开端。当你完成学业，踏入这个拥挤而复杂的社会时，其实这正是实现职业生涯规划的过程。一份好的职业生涯规划能够使我们更加了解自我发展的方向。

职业生涯规划，在很多人看来是难以有效实施的。你想不到如何去设计职业生涯规划，你也可能认为很多职业生涯指标难以衡量，你更难以想象如何勾勒未来几十年的职业发展轨迹。你也一定想要知道如何才能用现在的规划为未来职业发展之路点燃一盏指路明灯。

为此，笔者带着大家对于职业生涯规划的普遍疑惑，采访北森测评技术有限公司培训师，人力资源总监贾老师，希望她能为我们解惑答疑。

◆ 职业规划是为了更好地应对变化

请问：您认为职业规划的必要性在哪里？规划大概是一个什么样子？

规划其实就是一个生涯的目标，是你这辈子要活成什么样的人。我这辈子要活成一个对人民有意义的人，我这辈子要活成一个改变历史的人，我这辈子要活成一个推动我家族发展的人。这就是一个大的生涯目标，接下来，有了目标，你才有机会去选择。比如说，现在有五个工作摆在我面前，这是混沌理论，那随时都会有人打电话问我，要不要去做这个工作。也许这个工作给的钱很多，也许这个工作条件很优越，也许这个工作挑战性很大，也许这个工作不给钱我还得往里加钱。那我要不要去做？这必然会带给我迷茫啊，因为我不知道自己的规划是什么。这时候规划师肯定会问，你这辈子无论选择什么工作，你想活成什么样啊？这就是规划的意义。它有核心指导作用。像你们从人民大学出来一样，门口有二十多辆公交车，然后，你就问公交车司机，我该上哪辆车啊？售票阿姨肯定问什么啊，你去哪儿啊？那如果没有这个，你怎么应对变化？那别人就跟我说了，哪个公交车送礼物，哪个公交车有空调，哪个有好多师大的美女。我到底该上哪趟车？你迷不迷茫。所以，规划不是为了杜绝变化，而是为了更好地应对变化。就像有五个男生都追我，我该跟谁？那就得规划啊。你这辈子想拥有一个什么样的婚姻？这五个人里面哪个离自己的理想婚姻更近一点？这就是指导作用。所以要注意计划永远是当下的，就是在当下整合所有资源和信息之后做出的最好的计划，但它是为规划服务的，而有了这两个，你才能合理地应对变化。所以很多人的迷茫是因为他不是在路径中纠结，而是不知道自己要去哪儿。就像很多大三的孩子有考研的，有出国的，有考公务员的，有回家就业的，有留在北京的，到底去哪儿啊？回家当公务员也有可能因为体制改革导致没工作了。去国外过两年回来也有可能就业形势变得不好了。我跨专业考研也许那个专业还不如这个专业，我怎么办？就迷茫了。这个时候规划师就会说，这些都是途径，你告诉我，你25岁、35岁的时候想活成什么样？这个弄清楚了，你才能应对变化啊。所以认为规划是为了杜绝变化的，就是片面理解了规划。

◆ 有了规划就要清楚自己应该向哪个方面努力

请问：当明确了规划的含义，同学们还是不知道该往哪儿走。这也是现在很多同学所迷茫的地方。

这个时候规划的目标就要分层次了。最高的就是我们刚才所说的，你的生涯愿景。我这辈子无论在哪个地方，无论在哪个行业，我最终想要我的生命是什么样的？这是最高的。而这个概念是来自于哪里呢？一种是来自我们的早年，其实每个人静下心来问问自己功成名就了以后最想过的生活，那个画面一定是有的。你的脑海中一定存在一个画面，这就是生涯愿景，是最重要的。除非是发生重大的灾难性事件，那才可能会发生变化。接下来呢，就是职业愿景了，这是在某个阶段实现理想的某种手段。比如，一个人说：我想为人类的健康事业作出贡献。如果他是学医的，可以去当医生；如果没学医，可以学卫生管理啊；如果连卫生管理都没学呢？那你就挣钱，捐钱盖医院。反正只要是围绕着这个目标，是在促进人类的健康事业，都算你为这个行业作贡献了。再下面，那就是一个人的生活愿景了，生活愿景，是价值观里面最小的了，它由很多东西构成，例如，你的工作观、择偶观，你当下的购物观，但这个是最不稳定的，是阶段性的。然而，生涯愿景几乎是根深蒂固的。所以规划就是让大家把生涯愿景弄清楚了，我当下最应该做什么，差不多 5~10 年之后我可以活成什么样，我最终想要一个什么样的人生，这样才明白。

所以你别跟他说这么多，你就问他五年内打算怎么样，就 OK 了。在这个飞速发展的时代，国家都才做五年规划，你想做多久？比如大一的孩子，你现在毕业一年了，你希望在哪儿找一份稳定的工作，活成什么样，和你的同龄人来比，这就足够了。你千万别跟他说你 50 岁的时候想做什么，他不知道。到时候他还存在不存在都是一个问题。所以在咨询中我们一般只做五年、十年。现在你们也可以想一想，你想要怎么样？这样的话你们的感触可能会更深一些。去写这个东西也可能会更好。所以写这个一定是从价值观入手，因为其他的都变化很快。兴趣？我们从小兴趣就被剥夺了，一个应试教育的国家还有什么资格谈兴趣。其实大家都是用成就感代替了兴趣、代替了愉悦。我数学特别好，不是因为我喜欢数学，而是因为我老能考高分，所以我喜欢数学。假如有一天无论你考多少分，数学老师都不搭理你了，那你就不喜欢数学了，这不是兴趣。所以，谈兴趣没有意义。谈性格更没有意义，因为中国人是最擅长表演的民族，在老师面前，在领导面前，在家人面前，还谈什么性格。只要按照社会需要打造可靠的面具就足够了。所以，谈性格也是没有意义的。谈技能大家很多人就会很悲惨，在咨询的时候也经常遇到这样的，认为自己无所不能的，然后测完之后瞬间崩盘。有一次遇到一个学生：贾老师，我无所不能，你认为我做点什么好呢？而且技能我们从小就没停过，一直在考试。把价值观弄清楚之后，他就知道该怎么做。做人都有人性，人性是自私的。

◆ 正确的价值观影响职业规划

请问：价值观很多时候自己都没有办法清楚地认识到，这个该怎么办呢？

所以你要引导他，所以在咨询中我们就要先问你。比如说，你绝对不跟哪种人做搭档？

这就是你的择友价值观。凡是你今天能够以一个有别于别人的样子活在这个世界上，你一定是有价值观的。比如上课的时候可以问学生，可以选的课有很多，你为什么选择这个课，你的目的是什么？第一，这个课不考试；第二，这个课能拿到学分。我说对啊，你价值观很明确。什么叫无所谓，你根本不是无所谓。真正无所谓的人是不会来上学的。为什么？哪儿都能活，现在这个社会又饿不死人，你来学校干什么？还有人说，无所谓，出门有个工作就行。咱们学校超市招理货员，一千二，你去吗？那我肯定不去！所以还是有个价值观的。当人们不知道要什么的时候，你也可以反过来问他，你绝对不要什么？只要他有判断，就证明他有价值观，就证明他有追求。比如，我毕业后都不知道该去哪儿工作，那好吧，你绝对不去哪儿？

那剩下的这些地方哪些是你可选的。比如，我不知道该找个什么样的对象，但是你肯定知道不想跟哪种人生活，那反过来就差不多是你要的了。

而且，从进入大学的第一天起，概念就一定要转变：接下来的路，都是你自己的选择，而且能为你承担责任的也只有你自己。

◆ 如何实现自己的职业规划

请问：大学的职业规划就是去明确一个自己的价值观，可是还有一些同学觉得有了一个规划以后，却没有办法有效地执行。这个应该怎么办？

这就涉及一个执行的问题。一定要注意两点：第一，执行肯定是有痛苦的，当执行带来的痛苦远远大于维持现状带来的痛苦的时候，人们就会放弃。比如，有人要减肥，每天都去跑步，跑一千米，能坚持几天？也有戒游戏的，从今以后一个游戏也不玩了。还有戒网购的，再网购我就剁手。这都戒不了，为什么？保持现在这种坐吃等死的状态很痛苦，但是马上去楼下跑 800 米并且坚持三个月更痛苦，这个时候就归咎于规划不起作用，这是不正确的。这是你对自己的本性不了解，挑战太大。

如果我们做一个计划，比如跑步，我们肯定是希望每天都能多跑，但是又要根据自己的一个度，就涉及这个零分到一百分，我取什么分段比较合适。

那就是以三个月为标准，你在接下来的三个月能坚持的频率和强度。

所以所有的计划都是尝试的、开放的，你每隔两个星期可以对它进行调整。所以咨询的频率就是一星期一次。比如一个学生来了说，老师，我这星期跑了两次，那我就会问他，是有一点点挑战呢，还是已经是负担了？他说，没有，我觉得很轻松，很适合。我说，那就翻一倍吧，下星期跑四次。他下星期过来说，不行，跑四次有点累。我说，那就跑三次吧。第三个星期又过来说，三次还蛮好的，既满足了我的成就感，又对体力上没有太大的负担。那就坚持三次吧。

对，时间决定行为，行为影响习惯，习惯形成性格。而且大部分三个月能坚持下来的，基本上就稳定了。

职业规划的概念引入中国的时间不长，所以，不要夸大自己的能力，只要有一些敢于尝试的人接受这个思想，被我们改变，就足够了。甚至一些人的问题不光是职业规划解决不了，甚至连心理医生、临床医生都解决不了，我们就别再往自己这个学科揽了。说句不好听的话，低端的工作总得有人干。我们希望每个人都能接受科学的思想规划，但这不是必需的。就像你们写书一样，我只要能够比现在这些市面上的书更科学、更系统、更受学生喜爱，就 OK 了。千万不要有一个需要时间才能跨越的目标去要求自己，那样你压力就太大了。就像有的人做完咨询后说，老师我回去能做点什么吗？我觉得职业规划这个概念太好了。我说，只要一年之内你能影响周围两三个人，让他们知道这个世界上还有职业规划这个概念，就足够了。

◆ 大学生职业规范需要改变的方面

请问：老师们觉得大学生职业规划还有哪些方面需要改变？是否可以结合一些实例来分析？

我觉得就是同学们在大学里面想的很多事情，可能到最后都不是那么重要，不如踏踏实实去做一点事情，这样你才是在进步。其实，有时候你想太多也没有用，想得再清楚不去做，都是一个空白。我是一个重视行动的人，减肥也好，戒网游也好，总要先有行动。你要真正开始去跑步，哪怕是跑一次，那也是已经开始，比没有做要好。最重要的就是开始去做一些事情。比如要出国，就开始背单词；考研就要开始找导师。

现在 90 后大学生最大的特点之一，就是对自己有一个过度完美化的期待。我遇到过很多学生，他们说得最多的就是老师我不能接受自己的失败，老师我不能接受自己不完美。所以，他们总是希望把事情想得很完美以后再去做尝试，可那时候已经晚了。当你有一个想法的时候，你需要做一些尝试，可能你才开始慢慢知道这个东西对你的价值是什么。还有就是会找很多借口，用这些借口来否定行动。

我现在接触很多大学生，他们给我的冲击很大，他们不能接受错误、失败。很多大学生找不到工作，因素有很多。第一个，现在大学生活的目标性不是特别明晰，要么想得特别远，虚无缥缈。第二个，从大一开始我们都是在口头上来做求职准备，所有学生都在口头上说我要找工作了，从来不在行动上去了解，从来不去了解我所学的这个专业在将来需要做些什么样的工作准备，那些工作准备对我们来说应该提升什么样的能力，也不会去向辅导员、身边的师兄师姐去了解就业情况。这是最大的一个问题，大家只是感觉自己特别有目标，但是其实没有。现在我们大学生该有的是逆向思维，也就是所谓的HR思维。这一点也是现在很大的一个问题。第三个问题就是现在的大学生只是学书本、学专业，只停留在专业理论和知识的提升上，很少有学生知道他的社会价值。我记得当年我找工作的情形。我是学心理学的，我去面试昆明大学，其中有一关给我留下了深刻印象，面试官问我，你学心理学这么多年，知道心理咨询的社会价值是什么吗？这个问题我现在感觉很大，也很难回答，但是我在想，这就是老板想问的问题啊。你做这个工作的价值在哪儿，社会意义在哪儿，而我从来没去想过这个问题，所以我后来会去做一些社区咨询服务，去做一些志愿活动，去提升自己的专业能力，这些经历都是我当时能够找个一个还不错的工作的资本。所以我觉得这一点是很重要的，大学生除了了解专业知识以外，还应该了解如何把专业知识运用到实践当中去，这才是最有价值的。

◆ 人力资源经理给大学生的建议

你能为大学生提出一些好的建议吗？

HR关注的问题，不是你知道什么，因为你知道什么是没办法当场证明的，你说你是学法律的，一屋子的人都是学法律的，知道一些名词的能力在这个时代已经不重要了。30年前的大学生的标志就是他知道的名词比别人多，但是现在扩招之后全民都能上大学了，HR关注的是简历里面的那些动词。HR说，我身后有上万个工作。所有企业就是八个部门——研发、生产、客服、销售、市场推广、财务会计、人事管理、行政执行，你能干什么？为什么？我必须挑你的理由是什么？

一个人在六百人以上的大公司做过实习生，这里面涉及过招聘、薪酬管理。我可能就留下他了，因为明天他就能干活，我们就需要干这些活儿的人。所以你要知道公司买你的不是名词能力，除非你是学文学的，学历史的，学档案管理的，技术类的。公司买你就是公司有一些活儿老板干不了，请你来干活。如果你们提供给我的材料都一样，接下来我会看你身上的品质，忠诚度。我实习了半年，这是经理给我的推荐信，他说我积极、吃苦耐劳，这些是锦上添花的，而不能决定你能进来。从根本上来考虑 HR 的思维是什么啊？公司能少雇一个人就少雇一个人，我为什么要雇人呢？因为有很多活我干不过来了，所以我出钱到人才市场去买人，买人的原则是我干不了的他能干，我干得不够专业的他能干得更专业，我干得不够好的他能干得够好，而且他还少要钱，那我肯定要你啊。这是 HR 的思维。我们为什么要上职业生涯规划课，不是去探寻你的能力价值观，也不是让你对未来有一个选择。你所需要的是自我认知，知道自己有几斤几两，知道你未来要什么，知道你怎么走。客观认知，这是最重要的。再者自我平衡，只有少数人能够学自己喜欢的专业，当然了，以后找工作，很可能也只有少量的工作内容是你感兴趣的，其余的都是你为了工资不得不干的。所以大学设计很多你讨厌的课程，就是为了提高你的生涯平衡能力；自我管理，20 多岁的人，连个玩游戏的时间都不能自我管理，你不是废物是什么？！你连自己都掌控不了，还指望掌控世界？这是你们做生涯规划和国家做生涯规划的原因。还有就是人际关系，尤其是在中国。除非你是金字塔顶尖上的那些人，像袁隆平、钱学森、陈景润这些人，他们不需要搞人际关系。但是大部分的人还是要学会什么叫作合理的人际关系。今天大学生一个重要的事是学会和各种各样的人和平共处，独生子女都面临着这个问题。所以在今天的咨询中百分之八十归根到底都是人际关系问题，不然，没有办法跟上司、客户建立好关系。还有一些人盲目自大。有职业生涯基础的 HR 一定会向你提三个问题：第一，所有的专业和非专业的人里面我为什么选你；第二，拿动词描述一下你能做的事；第三，就是形容词了，你在工作中是什么样的，还有学过什么、会做什么、做得怎么样。

提一点建议，就是你们要明白 HR 想什么。对 HR 来说，经常给求职者很多建议，因为他们也很痛苦，他们找不到合适的人，但是企业又有压力，要他们找到合适的人，所以可以从 HR 的角度去想一想。真正的大学生学习不是学课本上的知识，不是说不让你学，那个只是基础，你要去跟真正的 HR 聊天，真正了解 HR 是什么、HR 到底看什么。还有一点，你对这个职位是怎么看的，这是独特性。先做自评价，再把这个传递下去。另外，兴趣能不能养你，不能成天做无比高兴的事情，但是饿得受不了。现在有条件做事情，说明还是有这个能力，在做的同时能否把兴趣转化为以后能给你饭吃的东西。先活着，才能活得有意思。HR 困惑责任心的问题，有些人很难满足，这也是跳槽的人很多的原因。你在找工作时会说，企业帮我解决户口问题、钱的问题、住宿问题、对象问题、子女问题，但是实际情况首先是你帮企业解决问题没有。在你没有为企业解决问题的时候，企业没有必要为你解决任何问题。

我能给企业带来什么。职业发展其实是一个买卖关系，我们是产品，产品有很多，资本有很多，自我认知很重要。

采访总结

通过采访，我们发现一个良好的职业生涯规划需要有一个清晰的自我认知，合理的自我认知是避免制订规划时出现对于未来发展方向错误估计的有效办法。即使职业生涯不能为未来的生活起到一定的预测作用，但做好职业生涯设计，也能增加个人自我了解，对生活拥有更多的体悟与感知。如果在职业生涯的过程中，出现了什么问题，或者是需要做调整的时候，做好职业生涯规划的人的调整速度会比其他人快很多。

对于大学生这一群体，做到以下几点对于提升职业生涯规划设计能力会大有帮助。

第一，增强实践能力，多去了解社会，如通过家人和朋友去接触社会。多和社会中的人打交道，而不是将自我圈禁在大学校园这个象牙塔里面。通过了解他人思考问题的方式，提高自己对于问题的理解和体悟能力。

第二，多认识自我和提升自我。大学是一个很美好的时代，每个人的可塑性都非常强，所以同学们需要去做的就是在大学期间发挥自己的潜能。比如发现自己有研究精神，在大学期间就可以做一些小的研究；比如可以尝试一些社会生活的体验；比如去尽量多的公司实习，实习期间尽量多跟朋友们打交道，多跟同学们交流；比如在生活当中多去留心观察这个世界。

第三，多读书。经验不一定需要亲身体验才能学会，很多东西是书上都有的。可能很多人在工作当中会发现自己走了很多弯路，虽然获得了宝贵的经验，但是转念一想，如果吸取了书本上的经验教训，则可以及早地转变自我，积累更多经验，避免犯错。

第四，目标明确。机会不会无缘无故就降临，很多机会是需要自己去争取的，所以要做好迎接机会到来的准备。面对一些自我设定的目标，我们可能会感觉压力很大，但是你会知道，该怎么样走才能达成那个目标。

第4章　应届毕业生就业形势面面观

邓愚凡

被访者：

李文静，某外文报社人力资源部培训组长，80后，南方人。本科和研究生分别就读于上海某“985”大学和北京某“211”大学新闻传媒专业，毕业后留在北京一直在此报社工作，工作五年。

此外文报纸为国家英文日报，其全球期均发行90余万份，其中海外期均发行60余万份，是有效进入国际主流社会、国外媒体转载率最高的中国报纸。

李文静大学毕业后进入此报社，主要从事采编工作，由于工作能力十分出色，自身性格开朗大方，后被调至人力资源管理部门从事人事培训工作，主要负责新进员工在业务技能上的培训。

引 言

每年六月，当一批批毕业生纷纷涌入就业大军浪潮的时候，我们总是会不断地在报纸上、电视上看见有关“毕业生人数再创新高”“今年又是就业难的一年”等诸多报道。

这其中，我们会看到毕业于名校的学生在找工作的大军里迷失了方向，也看到非名校的毕业生在这个庞大的队伍中找到了自己满意的工作。我们也许会困惑，为什么经历了高考层层选拔的名牌大学毕业的应聘者会屡屡碰壁，又是什么让其他的应届生梦圆职场。产生这个现象的因素有很多很多，在本章中，我们主要通过对企业 HR 的访谈来讨论客观环境和要求到底给大学生找工作带来了多少的影响，而我们又可以做出哪些应对。

在这个瞬息万变的社会里，就业不仅仅是我们自己单方面的事，它还和周围环境有着千丝万缕的联系。近几年来，大家对于就业环境的严峻性和现实的残酷性都有着诸多的讨论。一方面，我们要不断地提升自己的实力和能力；另一方面，也要充分了解自己到底身处在一个怎样的就业环境中。一般来讲，由于我们忙于学习或是缺少相关的信息渠道，大多数应聘者对于就业环境的认识主要来自于亲戚朋友或是老师的谈论，抑或报纸电视等信息媒体的报道，但是对客观的就业形势到底怎样并不清楚或是了解甚少。而在这一部分人中，我们就大家关心的问题采访到了有着丰富经验的、处于企业第一线的 HR，通过对他们的访谈，我们能够真正直接客观地了解到企业在招聘员工时有着怎样的思路和考量，并为我们未来找工作积累第一手的信息和资料。

◆ 学历高还是低

请问：每年我们都可以看到许多大四的学生投入到考研大军中，而在众多企业招聘中，对学历的要求也越来越高。那么，是否学历越高工作就越好找？本科生就一定不如研究生吗？

我们现在基本招的都是研究生，极少有本科生。但是我觉得这并不代表研究生的能力一定比本科生强，只不过是因为现在的研究生太多了。现在我们很多人都在讨论，读研究生到底是为了什么？有的人说是本科生和研究生毕业之后的起薪不一样，我认为这个是肯定的。比如像我们单位，如果你是记者的话，我们是会评专业职级的。从初级到高级到副高，你肯定是要有一定的成果才能去评。比如说从初级到中级这个门槛，如果你要评上的话，本科生需要等四年，研究生只需用等两年；如果是博士生的话，第二年就可以评副高。也就是说一个正常的本科生，现在已经是部门主任级别了，但是还要在这个单位工作十年才能评副高，而去年应届进的博士生就可以评副高。

◆ 学校优还是劣

请问：我们在找工作的时候，除了学历，来自哪所学校也是衡量我们的一道标尺。在众多招聘中，对于“985”“211”高校的要求也有很多。那么企业只青睐来自名校的学生吗？对于那些非名校的学生来说，怎样完成逆袭呢？

像我们单位，在筛简历的时候一般特别看重学校，海归也特别多。有些时候，一些海归的学校可能并不是很好，但是他的语言能力比其他人强一些，也会要他。现在我们也在讨论，到底是找一个在国内一直读出来的新闻院校的毕业生还是找一个在海外留过学的毕业生。我们现在的倾向是愿意招聘海外的。有些从国内学校毕业的学生也很优秀，但是因为他没有海外留学背景，你就会觉得他要差一些。而且因为我们是英文单位，所以你总是会觉得他不行。语言是很重要的，但其实思维方式更加重要。有的虽然是从海外回来的，但是他思维混乱，写的稿子条理不清晰，即使语言再好，也不会用。总之，大家对于这一点，目前还是存在分歧的，至于是不是有个定式的说法，这个问题我认为主要还是和个人的素质有关系。除此之外，这还与他们所在工作部门的性质有很大关系。比如评论部招聘，就更倾向于博士生，这种工作需要写很多评论性的文章，对知识面、知识储备、理论分析功底的要求就会相对高一些。我们主要是看你的思维能力、分析能力，看你的思维到底清不清晰，能不能就这个事情表达出自己的观点来。当然，最基本的中翻英、英翻中的技能也是不可少的。如果从招聘的形式来看，我们的薪酬、工资这一块可能并不如国企、公务员；如果整体的就业形势不太好的话，那我们的优质生源就会更多一些。

◆ 家庭背景强还是弱？

请问：在这个各种“二代”充斥着我们工作环境的社会，家庭背景真的会决定我们的未来吗？对于大多数来自普通家庭的大学生，我们又应该以怎样的心态看待家庭背景对找工作的影响呢？

家庭背景对就业的影响是大还是小，我想无论怎样的背景，我们能看到的是实实在在的能力。比如我们的核心岗位即采编部门，如果你稿子写得不好，即使关系再硬，我们也会对他们进行调岗，让他做更适合的职务。我觉得看待学生的家庭背景，应该是个不能避免的现象吧，但是在招聘的时候都是会看大家综合的水平和能力。有的人觉得在外企就不会看学生的家庭背景，但是我听说也不一定。在我工作之前，一般都是听说在国企或是事业单位职场上斗争要多一些，其实外企也是一样，不管中国还是外国，都是相同的。有人的地方，总有不同的派系，无论在哪，应该都是免不了的。不过外企毋庸置疑会好一些。我以前其实也是想去外企，后来受父母的影响，他们都觉得女生到事业单位，可能相对更加安稳一些。

◆ 户口有还是没有？

请问：对于大多数人来说，如果能在自己打拼的城市拥有一个户口，不仅能带来很多方便和保障，也带给我们对于城市的归属感。但在北上广这些一线城市，拥有一个当地的户口绝不是一件容易的事。

现在像我们这样的事业单位还可以解决入职者的户口，大家都愿意进事业单位、当公务员，其中户口是个很关键的因素。现在，北京对于落户卡得越来越严；上海也是，上海现在完全就是积分制，从你上学的时候就给你积分，比如本科生毕业你有多少分，研究生毕业你有多少分，得了一个什么样的奖可以积多少分，慢慢地来积分，积到了一定的分数，你再去申请上海户口。

但是户口到底有什么用呢？我有个朋友在搜狐工作，我们在一起也在讨论户口的问题。也许对于一个在北京的人来说，没有户口也还是能够打拼下去。对于我们来说，现在的这个年龄处在要谈婚论嫁、生儿育女的阶段，买车、买房、子女教育，户口对于我们后代的意义也许更大。我有两个大学同学是夫妻，他们一个在百度工作，一个在腾讯工作，都没有北京户口，而且估计短时间内也拿不到户口、买不起房子。他们以后孩子落户应该落到哪里去呢？要么孩子就没有北京户口，要么孩子就跟着把户口落到父母的老家。有的人觉得，那样岂不是很不公平吗？他们在城市里辛苦打拼却得不到应有的回报，是否留在北上广就一定会面对这样的问题呢？这其实就牵涉另外一个现在很多人一直在说到的“逃离北上广”的问题。他们就是因为在北京买不起房，又觉得再怎么生活也应该有一个保障，所以退而求其次在老家买了套房子，户口也在老家。他们就是觉得，如果以后真的不能再在北京待下去的话，回到老家也是一个不错的选择。至于求职者在求职时该怎样衡量这个户口的因素，虽然我自己现在有户口，但是我在求职的时候不会把户口看作一个很重要的因素。作为一个求职者，应该把自己的职业前景、以后职业生涯的发展放在一个最重要的位置上。因为没有任何人说你就要一辈子待在北京这个地方，如果不是这样的话，那户口对你来说有什么意义呢？而且有可能这个单位有户口，但是很差，干了几年，自己却觉得不开心，那有可能过了之后会跳槽。这样，相当于耽误了自己的青春。

◆ 逃出北上广？

请问：大城市巨大的工作压力、快速的生活节奏、没有户口而带来的失落感、归属感和幸福感的缺失，在这几年确确实实让不少人毅然离开之前满怀憧憬的北上广，纷纷回到自己的家乡或者是一些二、三线城市。是什么原因促使这样一批人回去呢？他们回去之后生活和工作情况是否达到了他们理想的状态？

刚刚说到从名牌大学毕业的学生工作后却并不满意自己的状态，会觉得投入和产出不成正比。我身边就有这样的例子，就是从北京又回到了以前的城市。有一个和我同年进入报社的女生，本科就读于香港大学，在香港中文大学读完研究生，非常优秀。最开始她希望来北京尝试一下，所以选择了来北京工作。但是工作了 9 个月，就回到了老家，她说她的父母一定让她回去，刚回去的时候自己每天都还很难过，抱怨为什么要放弃北京这么好的工作。但是后来我发现，不管是买房子还是结婚，她都是我们这批人当中解决得最快的，她也觉得自己的幸福感很强。这当然是个很幸运的例子。但是，也有从北上广这种一线城市回去之后，发现自己既不适应家乡生活，又解决不了自己的问题。还有另外一个例子，也是我们单位的，他是 2013 年年底辞职的。他南京大学英语系毕业，主要写经济类的稿件，也干到了骨干级别。但是后来也选择了回老家，在腾讯总部从事公关工作。刚刚提到的这些“逃出”北上广的人的老家都是在珠三角、长三角这些经济较为发达的地区，那么对于那些来自中西部地区的大学生呢？像这种，我还真不是太赞成回到家乡。也许回去之后，心里面会有落差，自己也会觉得出来读了这么多的书，回去还找不到一个满意的工作，自己心里面应该也很难受，各方面也不利于自己的发展。其实，这个也和每个人的想法和追求有关，如果你希望以后干出一番自己的事业的话，那就留在北上广打拼。如果你本来对事业没有太大的追求，那你也可以回去，在当地工作，干着自己的小事业，我觉得也是不错的，这主要还是和自己的理想和家庭氛围有关吧。有的人说在一些中西部农村地区，大家能够考出来就很不容易了，如果他们不愿意回去，那就只有在北上广过这种苦苦打拼的生活了吗？其实也没有必要一定要留在北上广啊，因为到任何一个二线或者三线城市，对于他来说，都比以前的条件要好，而且到二、三线城市，竞争没有这样的激烈，自己的晋升和成长速度也会更快一些。你要是留在北京一个集团的总部，就必须要从最底层做起，做个十年二十年，才可能拿到一个你在二、三线城市工作五年、十年就能拿到的职位，这也是有可能的。总的来说，还是要因人而异的吧，不能一概而论。现在不是又有一种说法叫作“逃回北上广”吗？觉得在原来的地方待不下去。而且现在还存在一个问题，就是剩男剩女的现象。在北上广，女孩子到 28、29 岁或者 30 岁的时候还没有结婚，在北上广这些城市的氛围是可以包容你的，但是你回到其他的地方，就会觉得 28、29 岁怎么还不结婚，就会觉得你这个人肯定是有点问题。比如，我们单位有个同事，她年龄其实不大，只有 26 岁左右，但是她的父母一直在催促她回家乡结婚。所以“逃离北上广”也不是一件那么容易的事，需要权衡利弊。

◆ 女生选工科就是入错行？

请问：在大家的一般印象中，女生选择工科就意味着苦和累，而一些企业在招聘工科学生的时候，也倾向于招收工科男生，那么女生到底应不应该选择工科呢？

有人说，女生选工科是不是入错行了？我觉得，首先这么说的人应该是有些性别歧视的。这主要是大家觉得女生学工科太累了，但是我觉得“累”和“选择错”是两个不一样的概念。我认为这个“错”是你适不适合的意思，而“累”其实是你很适合这个工作，只不过如果你要取得一定成就的话，在同领域你需要付出的努力比别人更多。我接触到一些学工科的女生，她们都很羡慕学文科的同学，觉得她们都很轻松。但是，我认为如果真的学文科的话，有可能还不如学工科，因为这带给她的成就感可能并不强。

◆ 企业更青睐哪种大学生？

请问：在求职过程中常常会出现在同等条件下，企业选择某一个人而放弃其他人的现象，被选择的求职人是具有哪一种或几种品质而在众多的应聘者中脱颖而出的呢？哪种类型的大学生会更受企业的青睐呢？

这一点，因为每年我会培训很多刚入职的大学生，并且通过平时工作的接触，我感觉首先是你的能力和岗位的匹配很重要；再者，会看重思想品质这方面的东西，看重你这个人是否正直、诚恳、有涵养。我们更愿意招一些谦虚的学生。有时候你能力稍微差一点，可以慢慢培养和锻炼，但是如果你的品性有问题的话，那你整个根基是有问题的。除此之外，大家都愿意要积极能干、主动干活的人。比如，同样两个进来的人，有一个人只干自己分内的事情，觉得多干一点点都会很委屈很抱怨。但是，另外一个人觉得把自己能够做的都做了，再去做琐屑的事情，我也愿意。很多大学生进来之后，都会让人有眼高手低的感觉，觉得自己是一个很牛的大学毕业的，进来之后就应该做怎样怎样的工作，但其实并不尽然。你在一个岗位肯定要从最基本的事情做起，不可能一进来就让你去带团队或者是去做什么。像抱怨做琐事的人，以后也不会有太大的发展。永远要相信一句话，干得事情越多，你成长得肯定越快，不管是干多琐屑的事情。因为你只有先干好最琐屑的事情，领导觉得你可以，才可能把比这个相对重要一些的事情交给你去做，这样慢慢一点点地让你去做更重要的事。如果让我排序的话，我会把个人的品性排在第一，其次是个人的能力，再其次是学历。

采访总结

李女士谈到她刚进入单位时的经历，作为一名刚进入单位采编部门的新人，她每天会工作到晚上九点才回家，周末也会一整天加班改稿。她的付出没有被埋没，她又被安排到了人力资源部门工作。由于她本科和硕士时期都没有学习过人力资源管理的相关知识，她又阅读了大量相关专业书籍，努力提升自己的业务水平。笔者在李女士家中看见，她的书架和书桌上摆满了人力资源管理的书籍。

在与李女士的访谈中，笔者感受最深的一点是，就业环境瞬息万变，我们很难给就业环境划一个统一的标准。在这个变化着的环境中，我们能做到的是以不变应万变。提高自己的职业素质和品质，更重要的是能够在这个职场中真真正正踏踏实实地做事。同时，对于知识的学习是无止境的，我们不能满足于此时此刻自身的状态，要永远保持一个饱满的学习热情。这样，无论外部环境怎样变化，我们都能找到符合自身条件的满意的工作。

第5章　寻找信息渠道

赵锦兰　黄　微　曾　琪

被访者：

程亚斐（Feya），毕马威华振会计师事务所（特殊普通合伙）人力资源部，校园招聘经理。

引　言

2014年高校毕业生727万人，毫无意外地再创新高，舆论关于“2013史上最难就业年是否会延续下去”的讨论从未停止，这些信息都刺激着大学生们敏感的神经。如何在如此激烈的就业竞争中抢占先机？毋庸置疑，当今时代，信息为先。因此，对于大学生来说，积极主动地收集就业信息，并认真细致、去伪存真地分析就业信息，是大学生在激烈竞争中把握主动权的先决条件。

俗话说，“知己知彼，百战不殆”。因此，思考从何处获取就业信息，则必须要了解雇主校园招聘的主要渠道。此外我们发现，各个雇主往往会根据其目标院校和重点关注学生群体的不同，有针对性地选择不同的校园招聘形式和渠道。

因此，大学生在收集就业信息时，一方面必须积极主动地收集足够多的就业信息，因为获取的信息越多，择业的视野就越宽阔。另一方面，大学生也要学会高效寻找有针对性的信息，做到有的放矢。

2014年初，我们采访了全球知名四大会计师事务所之一——毕马威华振会计师事务所的校园招聘经理程亚斐，让我们来听听她对大学生收集就业信息有何建议。

◆ 校园招聘渠道

请问：请根据您的经验，介绍一下企业校园招聘的主要方式、渠道和新变化，以及企业在不同专业、不同学历或者海外留学生的招聘渠道选择上有何不同。

在招聘工作中，招聘渠道的选择是影响招聘效果的重要因素。传统校园招聘的主要渠道包括：开展招聘会、校园宣讲会，发布招聘需求广告、网络招聘、内部推荐，或通过第三方中介机构、外包机构等进行委托招聘。随着校园招聘的深入和扩大，类似实习基地这样的人才输送基地也成为校园招聘的重要渠道。此外，基于新媒体的迅速发展，社交网络招聘如专业论坛 BBS、社交网站、微博、微信等成为新兴有效的招聘渠道，某些企业甚至会利用电视求职节目进行招聘。

对于有特别专业需求或对学历有特别要求的企业来说，明确招聘对象，对不同专业、不同层次的人才应用不同的招聘渠道，在专业院校、面向专业学生人群以及不同学历人群进行专场招聘会，将更有针对性。

对于海外留学生的招聘，由于海外留学生的毕业时间通常与国内应届毕业生时间不同，因此，适当留出招聘余量，在春季留学生集中回国前后进行规模招聘是一些企业通行的做法。

目前，校园招聘渠道多种多样，同学们可结合自身实际情况进行选择。新渠道信息量大，但相对分散，在带给同学们更多机会的同时，也给同学们造成了不小的选择性障碍。因此，在纷繁复杂的招聘信息、宣讲会信息中进行信息数据的采集与分析，学会有的放矢，提高职位匹配精准度，是提高求职命中率的好方法。

◆ 如何搜集招聘信息

请问：结合企业校园招聘的渠道和方法，您认为学生应该如何搜集招聘信息？

对于同学们来说，搜集招聘信息有多种方法，利用网络搜集招聘信息是一种快捷有效的方式。通过访问专门的大学生求职网站或行业网站，或是访问意向企业的官方网站、微博、微信公众账号，有助于随时了解招聘动态。此外，我们建议和鼓励同学们在学校层面，从学校就业网站，或向学校、学院就业指导中心或是职业发展中心咨询和了解就业动向以及它们提供的就业信息，掌握用人单位招聘需求和计划。由于每个人的精力有限，同学们之间的定期交流和相互分享招聘信息，也非常重要。

随着招聘渠道的拓宽，各种招聘信息会充斥网络和各种媒介，尤其招聘季期间招聘信息更是纷繁复杂，真假难辨，或是难以判断企业是否仍有招聘需求。我们建议同学们把通过各种渠道搜集来的信息先进行初步过滤和筛选，首先识别出虚假招聘信息——通常此类招聘信息的描述（如公司简介、职位介绍、岗位要求、联系方式）都比较虚化，招聘时间也不明确，有可能还会以种种名目收取钱财。对于真实的招聘信息，我们则需要进一步通过信息发布来源、发布时间、职位有效期等判断信息是否仍然有效。如果不能确认用人单位是否仍有招聘计划，也可直接联系向用人单位进行确认，以免浪费精力。一般来说，时效性越强的招聘信息实用性越高。建议同学们应聘前多掌握一些基本招聘知识，同时学习了解劳动法规和相关政策，提高职业素养和自我保护能力。

◆ 不同招聘渠道的对比

请问：根据您的经验，这些渠道的重要性和成功率分别是怎样的？您如何看待及运用内部推荐渠道？

每种招聘渠道都有自己的优点，也都有其局限性。比如现场招聘会适合招聘企业的初级人才及专业技术性人才，但难以招募到高层职位；委托招聘虽然简便省事，但未必能招到合适的人才；网络招聘有可能会面临申请人众多，但合适的应聘者寥寥无几的尴尬。因此，企业在不同招聘需求情境下选择合理的招聘渠道比选择合适的人才更重要；另一方面，对于求职者来说，根据自身情况来选择适合自己的招聘渠道，能够提高求职效率。

通常企业会有内部推荐渠道，鼓励员工推荐优秀的人才给公司。毕马威有完善的员工内部推荐人才制度，并会对推荐候选人成功的推荐人给予相应的奖励。在毕马威，内部推荐最能发挥作用的是某些专业岗位或中高层管理岗位。通常这类候选人很难通过正常招聘渠道得到，或者招聘周期长、招聘成本高。由于内部推荐候选人与企业员工有一定的关联性，基本素质可以得到保证，同时，他们对于职位描述更为清晰，较易认同企业文化，招聘成功率相对较高，入职后稳定性也较高。在实践运用过程中，我们需留意到虽然内部推荐渠道有种种优势，但员工推荐在招聘流程上仍需走正常流程，不能流于形式，以免发生裙带关系。

采访总结

通过与 Faye 和其他企业 HR 的沟通，我们梳理和总结了一下目前的校园招聘渠道。

（一）校园招聘界“大佬”

在纷繁多样的校园招聘渠道中，每位受访人力资源经理提到最多的，无外乎以下两种：一是与学校、学院合作的招聘形式，如在校园相关网站发布招聘、进入校园召开宣讲会或招聘会；二是与专业招聘网站合作。由此可见，网站招聘及现场招聘会在校园招聘界不可撼动的“江湖地位”。

◎ 招聘网站

网站招聘渠道主要包括：校园网站、专业招聘网站、公司门户网站及其他行业类网站。毕马威校园招聘经理程亚斐就在采访中表示，“对于同学们来说，搜集招聘信息有多种方法，利用网络搜集招聘信息是一种快捷有效的方式，通过访问专门的大学生求职网站或行业网站，或是访问意向企业的官方网站、微博、微信公众账号，有助于随时了解招聘动态。此外，我们建议和鼓励同学们在学校层面，从学校就业网站，或向学校/学院就业指导中心或是职业发展中心咨询和了解就业动向以及他们提供的就业信息，掌握用人单位招聘需求和计划。”

◎ 校园网站

通常包括学校就业指导中心和学生所在学院就业指导中心/职业发展中心网站。此外，大学生们还可以寻找和自己所在学校/学院专业领域相似的学校/学院，关注他们的招聘信息，以拓展自己的信息范围。在这些校园网站上，大学生们往往能搜索到大量有针对性且可信度高的招聘和实习信息。

小贴士：几大著名高校的就业指导中心网站

1. 清华大学就业指导中心 http://career.tsinghua.edu.cn/
2. 北京大学就业指导中心 http://scc.pku.edu.cn/
3. 中国人民大学就业指导中心 http://career.ruc.edu.cn/

◎ 专业招聘网站

专业招聘网络指提供招聘服务的专业网站，很多雇主都会委托专业招聘网站设计自己校园招聘的专属网页。这些网站的信息量很大，也比较杂乱，需要大学生进行一定的筛选。

目前国内雇主常用的、比较大的专业招聘网站包括：应届生网（www.yingjiesheng.com）、智联招聘(www.zhaopin.com)、中华英才网（www.chinahr.com）、前程无忧（www.51job.com）。例如受访的程亚斐经理所在的毕马威华振会计师事务所，便是和应届生网合作开设了专门的校园招聘网页。

◎ 雇主官方网站

目前大部分雇主依然会将自己的招聘信息发布在官方网站上，甚至会有部分雇主选择在自己的官网上开辟校园招聘专页，如中海地产就在自己的官网上开辟了校园招聘的子网站“海之子校园”。因此，有明确公司目标的学生可以经常关注自己感兴趣的公司或单位的网站，以便第一时间获得实习和招聘信息。

◎ 其他网站

对国资背景的公司比较感兴趣的学生，可以关注国资委网站的“招聘公告”。而对国家事业单位感兴趣的学生，可以关注人力资源与社会保障部网站的“中央及国家机关事业单位公开招聘”栏目。

◎ 现场招聘会

现场招聘一般包括校园宣讲会、校园招聘会和人才市场举办的社会招聘会三种方式。某知名地产公司招聘经理 Annie 就表示，“我们校园招聘时特别重视面对面与学生交流的机会，特别是校园宣讲会和学校的双选会。”

◎ 校园宣讲会

校园宣讲会是指雇主到校园举办自己的招聘宣讲活动。通过各受访人力资源经理，我们发现几乎所有的雇主都会在校园招聘中选用校园宣讲会这一方式。在校园宣讲会上，雇主通常会就其历史、发展、企业文化等方面及招聘需求对大学生做详细阐述。这种方式可以说是雇主与学生沟通最充分的招聘方式。因此，大学生应该充分利用这种形式，收集关于雇主信息的第一手资料，与雇主沟通自己感兴趣的问题。

◎ 校园招聘会

校园招聘会包含多个雇主参与的校园双选会及单个雇主的专场招聘会。这在校园招聘的各个渠道中可以说是效率最高的一种，并且往往针对性很强，是大学生绝对不可错过的重要就业信息渠道。毕马威校园招聘经理程亚斐就表示，“对于有特别专业需求或对学历有特别要求的企业来说，明确招聘对象，对不同专业、不同层次的人才应用不同的招聘渠道，在专业院校、面向专业学生人群以及不同学历人群进行专场招聘会，将更有针对性。”

◎ 社会招聘会

社会招聘会一般是指由政府机构、人才市场或其他机构组织的招聘会。某知名地产公司招聘经理 Annie 提到，“我们偶尔也会参加一些政府机构组织的双选会，如北京市人才和东城区人才的双选会”。当然，需要注意的是，这种招聘会往往企业参差不齐，信息量繁杂，并且参加人群众多。因此，建议大学生在参加前，要先了解参会的雇主情况，有针对性地选择参加。

（二）校园招聘界“新贵”

时代的发展日新月异，雇主的校园招聘渠道也在不断的“与时俱进”。

◎ 社交媒体 SNS（LinkedIn、人人网、BBS、微信、微博等）

社交媒体的流行风潮，早已延伸到了招聘领域，现如今，不管有用与否，众多的雇主都或多或少地使用了这一渠道，以体现自己在人才招聘方面的“创新精神”。

◎ 校园 BBS

高校 BBS 在校园招聘领域的风头虽然最近有些走弱，但是依然是众多雇主经常关注和使用的渠道。大学生们常用的校园 BBS 包括清华水木、北大未名、天地人大、交大饮水思源等，其实习信息和求职信息板块经常有很多有价值的信息。

◎ 微博：微招聘

微招聘就是用简洁的文字把招聘／求职信息第一时间发布到微博上。“微招聘”架起了雇主和应聘者之间“点对点”的新桥梁。除了宝洁、毕马威等国际知名企业开通了校园招聘官方微博，“粉丝”多达数万人，还有一些规模较小的公司也使用微招聘的形式招募人才。大学生可以通过几个方式充分利用微招聘：①关注感兴趣的雇主的招聘官方微博，关注官方微博实时更新的招聘信息和招聘提示。②关注感兴趣的行业或公司内的从业人员的微博，并与 TA 就专业问题互动。

◎ 微信：微信公众平台

目前，有部分雇主开通了微信招聘公众号，感兴趣的大学生可以搜索关注，并可以关注一些行业微信公众号或者人力资源圈微信公众号。在这些“圈内人”聚集的地方，有可能第一时间获得招聘信息。

◎ LinKed In（领英）

LinKed In（领英）本质是 SNS 包装下的职业招聘网站。其作为一个社交媒体，能在大学生求职方面取得卓越成果，原因在于它能不断提供更多的公司与大学生互动，并同时提供给大学生公司的各项信息。建议大学生在使用 LinKed In 时，要认真填写自己的详细经历，并有针对性地推广自己。

（三）校园招聘界“低调实力派”

常有人说“关系就是最宝贵的资源”，这句话在校园招聘界也得到了充分的应验。但大部分大学生往往认为人脉推荐对于“没法拼爹”的自己而言是遥不可及的，那么就让人力资源经理帮我们揭开这位校园招聘界“低调实力派”的神秘面纱吧！

◎ 人脉推荐

受访的多位人力资源经理都提到了人脉推荐。其实大学生的人脉远比你想象得丰富，除了亲戚、朋友，老师、校友、学长、同学都是大学生独有的极具价值的人脉。

某知名地产公司招聘经理 Annie 提到，“我们经常与学校或者学院合作，希望由学校或者学院推荐适合学生，学校和学院推荐的学生将有可能直接进入面试的环节或者在后期面试上获得加分。”由此，学校推荐备受雇主推崇可见一斑。同时，越来越多的雇主意识到学校推荐的高效率，甚至针对特定岗位只采用学校推荐形式。因此，大学生要充分关注学校 / 学院就业指导中心 / 职业发展中心的相关信息，并主动积极地向学校 / 学院负责老师自荐。

除了学校推荐，内部员工推荐这一方式目前在国内外很多企业都得到了广泛的应用。据了解，微软公司、IBM 公司等招聘渠道主要是通过公司现有员工的推荐。微软公司的“伯乐奖”就是为那些举贤荐能的员工所准备的。国内很多民营企业，特别是小企业，由于处于发展阶段，各种条件和环境对人才的吸引有限，因此，很多招聘也都是由企业内部的员工推荐的。

企业内部推荐对大学生而言并非遥不可及，只要有心，通过校友及学长，普通大学生也可以获得企业内部推荐机会。

因此，只要你“雷达全开”，充分调动亲戚、朋友、老师、校友、学长、同学等多种资源，你将发现很多“彩蛋”，自己的信息覆盖面将豁然开朗。

（四）校园招聘界“百花齐放”

◎ 传统媒体广告

依然有部分雇主会选择在传统媒体上发布招聘广告。在报纸杂志、电视和电台等传统媒体上刊登、播放招聘信息受众面广，过程简单，一般可以保证较高的应聘量，同时也可对企业品牌起到一定的宣传作用。并且在地方上这一方式更为普遍和流行，对于意欲回到家乡工作的同学来说，需要有意识地关注家乡的传统媒体。

◎ 猎头

猎头原本是多数企业在招聘中高级岗位的时候常用的渠道。但 MBA 学生群体的崛起让猎头开始将目光转向校园，猎头俨然成了校园招聘一颗冉冉升起的新星。越来越多的雇主有了专门的 MBA 招聘项目，因此也有越来越多的雇主开始尝试与猎头合作，以招聘 MBA 学生或部分有管理工作经验的博士生。

◎ 校企共建实习基地

◎ 电视求职节目

第6章　如何提前让心仪的雇主看见你

赵锦兰　张立林　马志耕

被访者：

1.程亚斐（Feya），毕马威华振会计师事务所（特殊普通合伙）人力资源部，校园招聘经理。

2.吴飞（Eric），微软公司中国区人力资源部校园招聘经理。

引　言

现今企业为了尽早挖掘优秀人才，常常会有很多针对低年级学生的校园项目，通过这些项目，很多学生甚至可以提前锁定就业offer。

要让雇主提前看见你，一方面应该具备雇主所关注的综合素质；另一方面，需要通过合理的方式，进入到雇主的视线。

“综合素质”这个概念没有确切的定义。不计其数的能力再加上不同公司风格迥异的企业文化的要求，“综合素质”这个概念自然也不会有确切的定义。

某大型国有地产企业HR：“我们关注的重点还是综合素质，沟通能力、语言表达能力、写作能力、学习成绩，还有要注意细节。当然，这个综合能力的概念是和每个企业的文化对应的，我们欣赏的人别人不一定觉得优秀。”

某地产咨询企业HRAnnie说：“我们十分喜欢看到求职者能够对一个问题提出自己的见解，可能这些见解是不成熟的，但是足见得他们是在充分分析了自身所掌握的知识后得出的。如果给他更多信息的话，他会做出更出色的结论。”

在我们采访的雇主的HR们普遍提到的关键点：良好的心态、语言表达能力、沟通能力、分析判断能力、解决问题的能力、主动性、团队合作能力、领导力、组织协调能力等。

我们将通过对毕马威人力资源部的招聘经理程亚斐（Feya）和微软中国区人力资源部校园招聘经理吴飞（Eric）的详细访谈，为大学生提前让心仪的雇主看见支招。

◆ 如何找到心仪的雇主

请问：结合您的经验，谈谈学生应该如何了解职场或者收集职场信息。

Eric：大学生了解职场和企业是非常重要的环节，认识一个企业很重要的两个方面是，了解企业文化和企业产品。学生将来想进入心仪的企业，并在这个企业干得出色，必须在两个方面有较好的匹配，一个是能力匹配，一个是文化匹配。

在校学生可以从以下几个途径去了解企业。

途径 1：从所在学校和学院查看近几年毕业生的就业去向。查看师兄师姐的就业去向能开阔大学生思路，帮助大学生对自己未来的职业道路有一些初步的想法和启迪。

途径 2：跟有经验的师兄师姐交流。但是要尽量选择工作过 3~5 年的师兄师姐，他们对行业、企业和人生道路有更加充分的认识和理解。

途径 3：经常参加企业或者学校组织的各种活动。

◆ 学生的哪些闪光点能让 TA 们脱颖而出

请问：一般来讲，您看到一个什么样的学生，虽然他现在未毕业，也暂时不找工作，您就已经有把他招进来的想法？

Feya：我们希望他具备职场准新人的基本素质，并且能够从他的方方面面表现看到未来职业发展的潜力。

在这里我想引用我们毕马威（中国）主席姚建华先生对未来新员工的一段寄语，希望可以回答这个问题："在 KPMG，我们挑选最专业的人才，为他们提供全面的培训和发展机会，让他们与公司一起成长壮大。我们各方面的专才，均拥有丰富的专业知识和业务技能，怀着共同的理念，以精益求精的工作态度，为客户提供明确高效的解决方案，让客户获得物超所值的服务。'专业精干、热诚服务’是我们的企业文化。我们给优秀的人员提供事业发展的快速路径，让他们有机会参与不同类别的大型项目，为全球各地的客户增值创收。我们的目标是成为职场中‘最理想的企业’。为此，我们挑选的人员要具备下列素质：主动进取、积极热诚，勇于表现、追求成功，追求卓越、共享理念，求知欲强、积极学习，创新思维、高瞻远瞩，团队精神、团结互敬。毕马威中国的业务正在高速发展，毕马威可给你带来事业上的成功，实现你的人生价值。我真诚欢迎你加入毕马威，成为 KPMG 的一员。”

Eric：每个企业的文化不同，对学生的要求和期望都不太一样。对于微软来讲，我们更多考虑的是：

1. 主动性。多学多问，除了完成应该的工作，还能看到更多的工作。同样的实习岗位，有些大学生能从中收获更大，能够做得更好，沟通得更加全面，得到领导和同事们的更多赞赏。

2. 大局观。做事要主动，思考得要比别人多，如果别人能考虑到 3 点，你就要考虑到 5 点。在做每一件事情的时候，你要非常明确自己的目标是什么，作为一个团队成员（teammember）你应该做些什么，是不是还能站在团队领导（teamleader）的角度考虑一些问题。

3. 具备基本的能力。独立思考的能力、沟通能力和执行能力。

◆ 如何让自己出现在 HR 的视线中

请问：结合您的经验或您所在企业的做法，谈谈学生应该如何主动出击，利用这些校园项目或者其他方法，让企业尽早看到自己。

Feya：建议同学们尽早进行职业规划，不要等到毕业那一年才去关注就业，再去寻找工作机会。在大学低年级的时候，同学们就可以向学校 / 学院就业指导中心或是职业发展中心那里了解基本的就业信息，参加学校组织的职业规划讲座。在大学期间，可以申请一些实习机会，这对大学生尽早进行职场生涯的定位、树立求职目标会有所帮助。

毕马威每年都有针对应届生的大规模校园招聘，同时，也有专门针对在校大学生的实习招聘计划，比如针对第二年即将毕业同学的实习生计划，还有针对大二或三年制研究生一年级同学（商科背景）的精英计划。

这些项目的好处在于，可以通过来企业培训和实习的方式帮助同学们提前开启职场生涯、亲密接触企业、了解企业文化、树立求职目标，甚至提前锁定就业offer；在入职后，这些同学也能够迅速适应工作环境，有利于未来职业发展。

建议大学生们从低年级时就关注职业发展，有针对性地参加相关校园宣讲会，了解掌握第一手企业文化资料和招聘信息，尽早选择适合自己的校园项目。同时，每年春季，很多企业会在大学进行宣讲会、校园活动或举办校园竞赛。比如，毕马威每年都在高校举办校园宣讲会（如精英计划宣讲会）、进行校园活动（如毕马威校园巴士、校友返校日）或举办竞赛活动（如“毕马威杯”职业生涯访谈大赛）等，活动参与者及竞赛优胜者将会有机会接触到企业 HR 或员工，让企业在第一时间看到自己，并且通过这些活动的参与，能够了解企业文化，继而为职业发展早做准备。

Eric：我们鼓励大学生能提早一步思考自己的职业发展方向，但是在时间管理和精力分配上要格外注意。大一和大二阶段，不用把太多时间放在就业这个领域，而是多花时间在知识的学习、能力的提升、实践以及思考职业方向上面。如果进入大三和大四，则是要全面进入到就业通道，通过个人资源整合、实习、求职等多个环节，找到自己满意的工作。

采访总结

（一）了解雇主的方法

全球有无数的雇主，每个雇主都有自己特点和文化，如何发掘自己感兴趣的雇主也是大学生急需面对的问题。目前，有两大方面的经验和方法可以帮助大学生更好地了解雇主。

一是间接经验：

间接经验可以帮助低年级的同学们从总体上了解行业和企业，缩小目标范围。

间接经验的获取渠道有：师兄师姐的经验，参加学校组织的就业相关的活动、职业咨询，专业课的任课教师、朋友、亲属等。

二是直接经验：

直接经验能帮助你确定求职方向。

直接经验的获取渠道有：自己做行业研究和企业背景资料收集，提前参加企业的校园招聘宣讲会，提早找到目标行业或企业的实习机会等。

（二）了解雇主的文化和价值取向

1. 收集的企业信息之中，有很多地方可以体现出这个企业的文化：网站上公司介绍的用词、行文风格，校园宣讲会的氛围，与 HR 接触的感受，还有最真切的实习感受。这些都是附加在企业实体上的精神要素，也是公司员工的独特符号。

2. 有文化存在的地方就有价值取向。如这个企业是倡导团队合作还是鼓励内部竞争，是喜欢锋芒毕露还是低调内敛，你无须把所有的价值维度都搞清楚，你只需要用心去感受，在这里工作会不会让你每天睁开眼睛就能感到幸福。这个或许就是支撑你职业发展的精神支柱。

3. 找到方向之后怎么来培养这些能力呢？记住：你所做的所有事情都会给你带来收获，你所做的所有能写到简历上的事情都有可能给你带来 offer。大学生活其实可以分成几部分：学习、科研、学生工作、校内社团活动、校外实践活动、私生活。前面五个部分都可以锻炼你的各种能力，而且可以写到简历上让未来的准雇主看到，知道你具备哪些能力，所以，也是我们求职准备的重点。简单来讲，首先，你要具备企业希望你具有的素质。其次，你要让雇主看到你具备这些素质。

（三）让自己出现在雇主面前的“具体方法”

主动上门推销自己当然是一个看起来很“侠义”的做法，但可能会把 HR 吓一跳，并且 HR 一般不会轻易给一个莫明登门者以展示的机会。那么，还有什么办法能够让自己“出现”呢？

1. 参加雇主在学校成立的俱乐部、行业兴趣协会

目前，许多名企都会在校园成立企业俱乐部，以帮助他们传播企业文化，巩固学生认知，推介实习、招聘项目，组织校园推广活动；这些俱乐部成员大都是对这个企业感兴趣的低年级学生。

俱乐部为学生和企业搭建一个平台，是企业在学校建立的“人才后备库”；所以，对于大部分会员而言，俱乐部会提供很多展示自我的平台，企业通过与学生的长期接触可以对学生有更深入的了解，表现优秀的人仍有机会得到公司的注意，在招聘时会着重关注。

同学们可以在低年级时就关注本校企业俱乐部的动向，根据自己的职业兴趣和职业定位，选择适合的俱乐部加入，贡献自己一份力量的同时，兴许会有意外收获。

2. 参加雇主的实习项目

相对于全职招聘的苛刻条件来说，企业在招聘实习生的时候条件会宽泛得多，并且在招聘人数上也不会太过约束；这对于知识和技能储备不太充分的低年级学生来说，不啻为一个大好消息。在现代企业的运行中，实习生除了可以为企业提供暂时的人力支持外，更是作为企业人才储备的一个重要途径。

Annie 女士说：“我们在招聘考核时，发现仅凭笔试、面试来考核一个求职者的做法不够全面和深入，往往与其入职后的具体表现有很大的差异，风险太大；所以我们每年招聘时都会倾向我们企业的实习生，因为对于他们的能力，我们会有比较全面的认识；并且实习生在企业实习一段时间后，对业务流程和企业文化会有一定的认识，降低了我们大量的培训成本。”

所以对于低年级同学来说，尽快在心仪的企业找到一个实习的岗位，会对以后的就业提供很大的帮助。

3. 参加学校举办的雇主进校园的经验交流会、分享会

在现行的高校学生职业发展和就业工作体系中，校、企的交流越来越多，学校开始下意识地邀请企业的 HR 来校与同学们面对面分享职业发展心得和求职技巧，而这其中大部分活动是针对低年级的学生。

因为此类活动大部分是分享和交流，所以学生和企业 HR 更会以一种轻松、坦诚的心态面对对方；学生可以最大限度地获取所需知识，HR 会利用这个机会了解学生就业心理，更重要的是，他们会借这个机会发现学生的潜能，物色未来的员工。

“我在与低年级学生进行分享时，发现和与招聘面试的感觉是截然不同的感觉，学生可以很坦诚地和我交谈，我似乎已看到一个真实的状态。这对我们锁定目标很有帮助，并会有意识地向他传达更多的企业信息，希望他将来能够成为我们的一员。”某旅游行业上市企业 HR 如此说。

第7章　用人单位因素分析（1）

黄仕琪

被访者：

张明睿，现任中粮集团有限公司忠良书院总经理助理，曾有过北京市组织部公务员工作经历，后在中粮集团总部人力资源管理部门任职。本科、硕士、博士均毕业于中国人民大学劳动人事学院人力资源管理专业。

中粮集团有限公司（COFCO）是世界500强企业之一，是中国领先的农产品、食品领域多元化产品和服务供应商，致力于打造从田间到餐桌的全产业链粮油食品企业，建设全服务链的城市综合体。中粮下属品牌有农产品、食品及地产酒店等领域。大悦城是中粮集团商业地产板块战略部署精心打造的“国际化青年城市综合体”。

张明睿先生所在的忠良书院是中粮集团创建的书院型企业大学，是目前国内最具影响力、最具代表性的企业大学之一。忠良书院的四个定位是培养中粮经理人的摇篮，中粮管理思想的发源地，集团经理人学习、研讨和决策的中心，中粮人洗礼的地方。忠良书院是中粮集团的领导力开发中心，主要对经理人进行领导力的培养和开发，建立了由初级领导力(LDP)、运营领导力(ALDP)、战略领导力(SLDP)、高管领导力(ELDP)组成的领导力培训体系，对经理人进行系统培训，为企业的发展持续输送优秀管理人才。张明睿先生作为总经理助理，工作范围涉及书院内所有内容。

引 言

身边的父母亲戚是不是还在渲染国有企业等级森严、人浮于事，而外资企业精明苛刻、冷血劳累？身边的同学是不是仍在比较国有企业与外资企业孰优孰劣？你是否还在相信各路人士对不同类型企业信誓旦旦的分析与解密？你是否还在高工资却常加班和待遇一般却前景不错的两份offer中徘徊犹豫？你是否还在思考怎样的工作算是一份理想而让人满意的工作？这些问题相信每一个人都会思索良久，相信每个人也有不同的答案，也许有的人的答案还会随时间而改变。每一个大学生或其他求职者都会面临种种权衡与比较。在做出决策的同时其实也反映了个人的价值追求。但是，在了解自己的情况下，对市场主体的了解也极其重要。

市场对企业进行了各种各样的分类。这里我们对最简单的分类进行不同企业之间的比较：国有企业、外资企业和民营企业。市场既已存在此分类，那么必然存在此分类的各种比较。然而，实情到底是不是这样呢？某些被大多数人诟病的特点是不是就一定罪不可恕呢？时代在发展，社会在变化，不同企业也在经历一些或好或坏的变化。那么，谜底到底是什么？

此章中，一线的人力资源管理者为大家谈谈他们对这些不同类型的企业的看法，看看最后到底是红茶、绿茶还是奶茶比较合您口味。

◆ 国企 & 外企，管理大不同

请问：很多人都赞赏外资企业的管理制度，而看低国企的管理风格。作为大型国有企业的人力资源管理人员，您认为国有企业和外资企业的管理有哪些区别？

一定程度上讲，外资企业在管理上具有更强的正规性，应该说大多数外资企业都已经形成了系统化的制度。在这种正规的系统的平台下，每个员工各司其职，在他的位置上做好他自己“一块砖”的作用。他能接触到的信息更局限于他自己的职位要求，工作内容也更局限于一些常规性的日常工作。因为整个企业的制度和系统都已经形成了，只要每个人把自己的那一小块工作干好，整个企业就能运转得很好。

也正是由于这种系统性，一个人在一个外资企业取得的大家所谓的成功，是建立在整个庞大的系统的支持下的。外资企业本身做好了组织的资源整合，一个员工的工作实际上得到了其他各个部门各个员工的隐性支持。而这个人的成功仅仅只是所有人工作的集合的成功，并不是个人所做的工作得到了极大的成功。换个角度而言，在一个外资企业的个人的经验是不具有可复制性的，也就是说这次成功并不能全面地提升自己从而让你即使在另外一个外资企业也能获得成功，因为换一个外资企业，这个系统就不一样了。那么在这个意义上，如果在一个外资企业长期工作一段时间后，就存在职业生涯路径变换的局限性。每一个外资企业对新人都有不同的 Orientation（入职培训），从一个外资企业到另一个外资企业，你需要很长一段时间去适应新的系统，从而在新的组织做得更好。

这一方面，中国的一些企业无论是国有企业还是私有企业，系统性可能差一点，还需要时间来建立完善的体制和系统。然而，现在一些对于国有企业的传统观念也需要改变，大家一致认为国有企业是计划经济体制下的遗留。其实，现在国有企业不是大家想象中的有严重的官僚气息，虽然它仍然处于人事管理阶段，系统化方面较弱。现在的人力资源管理虽然说不及某些外资企业那样正规和全面，但这正是机遇与挑战所在。这种挑战和机遇不仅仅是对企业而言的，也是对企业内的个人而言的，个人的发展空间会更大，工作机会相比之下会更多。

对于 90 后的大学生，初入职场时基本上都不懂，什么都需要学习，不管是专业性的、技能性的还是为人处世方面的。初入职时你们的主要工作就是锻炼，在工作中锻炼，“干中学”也就是常说的“learning by doing”，这个时候学的不仅仅是书本中的那些知识了，实践之后学的是该如何做事。在国有企业，这种学习的机会更多，内容更广。正是因为国有企业的系统性还不健全，每个人做的除了日常性的工作，还有机会做专项性的工作，在压力下学习和锻炼。相比之下，外资企业的系统健全，每个人做的都是一个执行者。比如，GE 通用电气公司，就人力资源岗位而言，每个人每天做的都是日常性的工作，系统和组织已经将工作细化到了每一个岗位每天需要做什么，招聘培训都有完善健全的体系，你只需要按着系统操作前进，接触到的只有你手头上的那点东西，很难做到专项性的工作。比如说，人力资源部门，为一家企业设计一套完整的薪酬体系，为一家企业设计一套完整的评估体系，这种类型的工作就跟日常性的工作完全不一样。现在的国有企业在日益激烈的市场中，人力资源管理也在逐步市场化，原有的人力资源管理有一定的基础，同时企业也在不断地进行系统改善方法改善。现在的阶段，国有企业相对外资企业而言，专项性的工作会更多一些，给每个人更多的机遇和挑战。

所以总的来说，中国的企业和外资企业在系统化的工作机制上还有一定的差距。但是从学习的角度来看，learning by doing，专项性的工作会让你在压力之下、在一定的任务目标之下学习更多，而常规性的工作则在锻炼性方面内容较少。

◆ 薪酬、企业规模、发展前景排排队

请问：当面临两个企业以上这些因素都相同，对其他比如薪酬待遇、企业规模等因素，求职者该如何分析和抉择呢？

以下的看法是建立在不存在基本生存困难的前提下的，如果一家企业给你

9000 元一个月，另一家只给 1000 元，那么毫无疑问选前者。因为 1000 元完全无法保障你在北京一个月的生活，谈何发展及其他。

那么在没有基本生活状况问题的条件下，个人建议是选择发展平台更大的企业。好比在集团公司，在总部的发展平台会比分公司或下属公司高，个人的发展空间更大，机会更多。因为从上面到下面的学习机会容易，而从分公司调到总部的从下而上的难度就高了。其次，就部门而言，资源多、地位高的部门机会更多，也就是说一个企业的核心部门更有利于个人的发展。

那么在这些都不是问题的时候，还有一个重要原则：考察这个企业系统或领导的用人风格或者说用人文化。有的企业可能用人就是论资排辈的文化，有的企业则是在考虑资历的同时以能力为导向，领导看到你有能力就给你更多机会，无形中给了你提拔空间。有的企业对于你的表现或工作以物质奖励为报酬，你干好了会涨工资，有的企业就会也给你职务的提升。有的企业会注重人才与组织的共同发展，有的企业可能不会考虑“人”是不是需要提升。这些不同企业的或保守或激进的用人风格，也是求职者个人需要慎重考虑的因素，最好是能与个人想法相匹配。要强调的一点是，这些不同的用人风格和文化只能说是相对的，并不存在绝对保守的或者绝对以能力为导向的风格。

◆ 人力资源管理者眼中的毕业生

请问：就您平时与初入职场的毕业生的接触来看，您觉得他们是怎样的？有什么想要对他们说的话或者建议吗？

不管是本科生还是硕士生，初入职场时，都有两到三年的锻炼期，来适应从学习环境到工作环境的转变，适应工作环境下的各种要求。

私人建议：1. 初进企业要学会换位思考，学会站在领导和同事的角度思考自己的定位。首先想的不是企业能给你带来什么，而是你能给企业带来什么。企业每接纳一个新人，最初的几年并不能获得多大的效益。相反，新人在最初几年，从某种意义上说，反而成为企业的一种负累。无论是人工成本，还是领导教导新人花费的时间精力都是巨大的。只有自己不断发展，能力到达一定程度，不能被轻易替代的时候，才有资格谈企业能为个人带来什么。

2. 新人到了企业之后，要多一点悟性，学会多学习，学会抓住机会锻炼自己。“世事洞明皆学问，人情练达即文章。”需要学的地方实在太多，前面已经说过的，无论是专业知识方面的，还是技能技巧方面的，还有更重要的为人处世方面的。

3. 最后才是考虑索取。其实，当你已经到了一定的位置，做好了工作，你应该得的和想得的企业也基本上已经给你了。

采访总结

笔者每提出一个问题，张先生都会停顿稍许，与大多数应答如流的人不同，这个停顿便是体现张先生思考和观点新意的基础。很多问题，社会上都已经形成了一些基本固化的看法，但是张先生却能找到新的角度诠释这个问题。比如，谈到国企和外企管理方式的区别时，可能大部分人看到的是外企更正规的系统给毕业生带来良好的职业习惯，但是张先生却更强调国有企业在走向正规化的这个过程中能给毕业生或者员工提供更好的平台和机会。所以，在思考不同企业的特质时，我们是不是也可以学习一下不一样的思维，也许这样思考出的答案让我们对问题有一个更深刻的认识。

张明睿先生给毕业生的一些意见也让笔者十分受益。通常而言，我们思考问题都是从自己的角度出发，总是琢磨着怎样做才是对自己最好的。但是我们忽略掉了其实个人与企业是利益共同体，尤其是要有先付出的觉悟，一切的诉求在员工为企业尽到了职责达到了目标之后基本都能得到满足。

第 8 章　用人单位因素分析（2）

黄仕琪

被访者：

梅子（化名），北京市科学技术研究院管理人员，在职期间编写出版《博士后科研工作站管理指南》一书，总结其工作期间中的心得，并对其相关工作经验及技巧进行总结和提炼。

北京市科学技术研究院，成立于 1984 年，为北京市属的多学科、综合性、跨行业的大型科技研发机构，也是全国最大的地方科研院。

访谈当天，梅子女士一身暗色羽绒服，拎着工作包，与笔者初见时面带微笑，眼神中带着亲切与沉静。访谈过程中，梅子女士亦是全程面带笑容，说话不疾不徐，充分体现出一个管理人员的魄力与自信。长达一个半小时的访谈过程中，梅子女士思路清晰，表达流畅，能让人感受到其思维非常具有逻辑和活跃度，同时在谈完一个问题后又能适当茶歇，十分照顾笔者的思路和记录速度。

引　言

“鹰击长空，鱼翔浅底，万类霜天竞自由。”虽说世上没有两片相同的叶子，但纷繁无数的企业在求职者眼中，大致也是可以分出那么几个类型的。此章，我们将把不同企业摆在求职者眼前，任君挑选，愿君获得最高效益，力求诸位了解适合自身特质的企业类型。如此，方能找到属于自己的职业发展道路。

简单地说，此章探讨的是不同类型企业的特征因素。也就是说，在我们开始投简历时，到底选哪些企业投？当我们同时拿到数个企业的offer时，到底选哪家企业开始我们的职业生涯？

当然，每位求职者的情况不能一概而论，到底是去一线城市的企业还是二、三线的城市，到底是去薪酬高的企业还是去发展前景好的企业，到底是去工作轻松假期多的企业还是去工作强度大锻炼机会多的企业，每个人心里肯定都有一把尺。哪些要素更重要，哪些要素可以不予考虑，每个人的价值导向和人生追求决定了这些问题是没有办法得到一个准确的唯一的答案的。所以，此章中，所有的看法和建议都是以求职者自身是上进的有追求的为前提。

当然，数以亿计的企业不可能在这短短的篇章中全部涵盖，但是诸位在阅读全篇，找到自己需要的企业类型后，再去了解其中某几个具体企业的详细内容，就方便得多了。

综上所述，此章将为读者揭晓一线人力资源管理者对这些不同类型的用人单位的认知和看法，带领读者探索人力资源管理者对于求职过程中不同的考虑因素作何评价。

◆ 众说纷纭的国企、外企和民企

请问：很多人对外资企业、国有企业、民营企业和事业单位都有各种各样的看法，许多毕业生也对其不是十分了解。您对不同类型单位的现状、工作环境氛围持怎样的看法？不同类型的用人单位对个人职业发展又有怎样不同的区别？

目前，国内的私企规模一般比较小，人员比较少，50 人以下的占多数。这类企业中的管理很薄弱，还没有很深的管理理念和意识，基本上还谈不到人力资源管理这个层次。如果本科生去这种单位就业的话，可能相对比较容易，因为这类企业数量比较多，人才需求旺盛。但是，进去以后，它的不规范对本科生个人的成长不是很有利。它本身这么小个公司，层级比较少，所以它的这个空间是有限的。另外，它的不规范性会使你养成一个不太好的职业习惯，可能对将来的个人发展产生不好的影响，因为环境对个人性格的形成具有较大的影响力。但是这种工作对本科毕业生来说还是比较好找的，因为它会提供比较多的岗位，比如销售类。它提供的岗位是最多的，进入门槛也是最低的。

当你找不到其他工作，或者只能在这种企业工作的时候，就要看行业了。这时，选择行业更为重要。假如说，准备做环保，你就要判断一下环保业的发展潜力。不管你是做会计，还是做人力资源、销售，一定要选对行业。假如说你觉得自己口才特别好，但是毕业的时候没找到其他工作，想去做销售，那么也要先选行业。食品、机械、生物医药都是不同的行业，发展趋势也不一样。选定行业，虽然在小型私企，对于职业规范你学的不多，但你学会了这个行业里的一些基本知识，为你将来在这个行业的继续发展打下了基础。当然，即使你真的什么也没得选的时候，你也得就业，因为你必须要去了解社会，通过就业去渐渐明白为什么你只能干这种工作。把自己与你心仪的工作相比较，想想到底缺少的是什么。如果你实在是不满足现状，那就发奋学习再考个研究生，瞄准一个比较好的方向进行再次自我定位，最起码保证你的再次求学是有就业目标、有定位的。

然而，中国还有一类民营企业，像华为、中兴。如果本科生毕业之后，不管你能保研还是考研也好，如果你能进入这些企业，我建议你还是先就业。因为它能发展到今天，有一些成熟的运作方式在里头。本科生如果有这样的就业机会，不要考虑什么岗位以及户口，只要是一个成熟的大企业，那么就先去就业。就业两三年之后，再审视自己。进去之后你可以看到自己的职业通道，预测自己的未来，这时以这种大企业为标杆，看看自己能如何发展。目前的工作是否是自己擅长的或者感兴趣的，如果不是，这两三年也能学习一些东西，并且这些成熟企业的工作经历也会为你今后的求职加分。当然，这个时候你看到了外面的世界，如果对自己的发展或者目前的职业通道不满意，你也可以通过考研再来改变。总而言之，本科生如果有机会进入这些单位，直接就业就好，这对你来说会是一个特别好的起点。

所以很多时候，进大型民企会给自己带来更多的成长。因为以前你是在外面看，听父母说，就业后你是身临其境的体会，知道它是什么样的风景。然后干了两年，你真的觉得自己不是很想干这个，觉得自己还是适合搞科研或者干别的，那你可以立刻辞职，然后静下半年，再来考研，这是完全来得及的。如果是外企，它会招一些管理培训生，那么这种情况也差不多。你要进入到那个圈子里，进入到行业当中，你就可以学到很多东西，并且你有了这种外企的工作经验，以后想进五百强之类的，这些都能给你加分。企业觉得你懂其中的这些道，也好管理你。如果你在民营企业，看不到发展的前景，那你别在那儿留特别长的时间，一般两年左右就准备跳槽。但是如果是在事业单位或者国企，如果你不是特别稀缺的技术性人才，你工作了三年以后再找工作，别人就不愿意要你了。为什么？因为他觉得你的职业习惯已经定形，很难改变你，很多东西在你头脑里已经固化了。就像现在说你的出身一样，出身于教师家庭、农村或者官宦家庭的人的言谈举止或者思维方式那是不一样的，这也就是工作环境打给人的不同烙印。就业也是一样，尤其是头三年的环境会影响到你的整个职业生涯。

再来说说事业单位或者国企，现在北京毕业生要求有户口的，没有北京户口的很难进。有北京户口的应届毕业生，家长认为进到国企或者事业单位有个稳定的工作就行了，家中有房，他们自己的收入不用考虑原始的积累。他们把自己的业余生活打理得很丰富多彩。所以，针对整个大学生群体来看，我不建议应届生去这种单位。尤其是那种积极上进有抱负的学生，你进这种单位也会很痛苦。因为这种单位对一个人的评价受很多非绩效方面因素的影响，但是成熟的民企和外企对人的评价主要是看你的能力，以绩效为导向的。国企和事业单位按资排辈，工作量的多少跟你的收入是没关系的，收入和能力也是没有关系的，它可能更看重一些其他因素，比方说你的家庭背景、社会关系还有你的人际关系，等等。但是这些东西在外企或者民企里会弱化很多。所以说，如果你不是特别有事业心的人，想开发个别的爱好比方说摄影之类，尤其是家里条件比较好的能够支持你，那么你进这样的单位就比较稳当，有个饭碗就行了。但是比较有抱负的学生最好进私企，进私企的就业经历将来虽然不会给你加分，至少也不会减分。在这样的体制内工作时间长一些，你心理会有些扭曲，你看到的跟你心目中想的那些东西会差距特别远，慢慢地，你不是适应环境，你适应了环境你就被改变了。当你不适应环境的时候，你就会被环境整得很惨，你也很痛苦。

事业单位和国企又略微有些区别。因为企业毕竟有企业的运作方式在里面，有生产有经营。事业单位基本没有生产，换句话说是政府的补充。政府拨款居多，这些人无论干好干坏第二年财政仍然拨给单位这么多钱，所以它的工资和工作是不挂钩的。企业无论怎么说还是要挂钩的。但从没有人说事业单位是亏损了还是盈利了，所以没有了这个考核之后是不一样的。这两种单位最大的好处就是稳定。如果你觉得你自己也没多大抱负，那么就进这种单位。

至于工作的稳定性，从外企和大型民企来看，它们是比较规范地在运作，以利润为导向的，只要你是在态度认真地工作，能力各方面也没有问题，那么即使换单位也是自己个人意愿决定的跳槽，还没有听说我哪个同学是被单位炒的。如果真赶上金融危机或者企业破产，那你也是没办法的，这些事情的概率是非常小的。这些需要你在职场上有一个敏感度。在事业单位或者国企最好不要超过两年，这两年你认知这个企业然后判断自己是否适合这个单位，如果不适合立马忍痛割爱，果断跳槽。否则，你待的时间越长，你就越贬值。时间太长了你拼搏的精神也没有了，即使有，你说了别人也不信。环境肯定会消磨你的上进心和积极性。

本科生在前两三年基本上不要考虑工资报酬什么的。即使是不发工资只要是能进华为或者外企工作一年也行，出来这一年的经历就是价值，这是一个学习的过程。

◆ 应届生的话语权

请问：很多80后、90后的员工更加注重生活质量的提高，讲求生活与工作的平衡。那么，从您的角度来看，他们在初入职场时该如何处理自己的这种诉求？

应届生没有话语权。

企业，只要是一个成熟的企业，不会为你个人定制一套薪资方案，不是你要求怎么样就能给你什么样的条件。工作几年才有资格谈条件，应届毕业生不管是薪水福利都是没得谈。你不来照样有人来，我对你一无所知，你对企业也一无所知，你也没有在这个市场上操练过，即使你的能力最初比别人强，在初进企业的时候你们的待遇是一样的，只有在一段时间后你们被纳入了它的绩效考核体系之后，你们的成绩才会带来你们待遇的不同。应届毕业生没有议价的实力，除了那些特别牛的在学校里就开发了什么产品的人，这种人基本是极少数的。所以本科生不用考虑这些，你就数数自己手里的offer，然后看中哪个选个最好的就行了，你没有资格跟企业议价说你想要什么。就业后，你只能先展现，然后再看它对你展现的东西给不给回报。

◆ 企业文化在求职考虑中的价值

请问：大多数人都是希望能在自己喜欢的文化和人际环境中工作的，所以很多毕业生在求职中会参考企业文化这个因素。您觉得毕业生应该如何看待企

业文化？

私企和中国的事业单位还谈不到企业文化，有企业文化的就是一些比较大的国企、民企以及外企。文化就是一种潜移默化的所有人都认同的价值观。外企里人际关系会比较简单，还是以工作为导向。在国企，你耗费在人际关系上的时间和精力可能比工作上的多得多。企业文化还是看单位最大的领导的思想，他认可的是什么。应届毕业生还是先选企业类型，因为企业文化是很难去考量的，你抓不住什么。有的单位可能你有师兄师姐在里边，你能打听打听待遇怎么样、氛围怎么样啊，但是大部分的企业你去之前基本都是蒙的。进来之后有失望的也有满意的。企业文化不是一个能说得特别明白的东西，只能自己去体会。华为，它的单位里都是有行军床的，像研发部，它要求大家都要为企业奉献。但这时候你能因为说它有加班的文化，你说你就不去了吗？

所以企业文化虽然千差万别，但是毕业生如果不是有极端的不适应和追求，这个因素不会影响到求职太多。

◆ 毕业生初入职场的心理落差解析

请问：很多毕业生在初入职场时会有一定的心理落差，也有很多企业对毕业生的能力产生疑问和抱怨。您认为，这种状态是怎样形成的呢？

中国的教育是有问题的，这与专业的设置或者学校的灌输式的教育都是分不开的。你看我们的学生有多少在寝室里整天熬夜，打游戏。熬夜都把身体熬垮了。这些人都不拿这些时间来充实自己。现在网络很发达，就看你怎么用了。应届毕业生也是一样，找到了一个单位，只要是个正向发展的，那它就肯定需要干活的，你踏踏实实干，肯定就是有机会的。大多数时候是你的储备不足，很多时候都是把时间浪费了。

这样的结果是很多原因造成的。教育、社会都有责任。现在大街上有不少一对一的补习班和辅导班，这是因为学生的自主学习性不够，非得别人来填鸭式的。

这种填鸭式的孩子到大学后就放松了，放松了毕业之后找不到工作，找到了也会说不适应。你想想，他能适应吗？学校里的安排使学生完全没有主动意识。不能怪社会对学生的接纳不够，确实是学生的准备不够。有准备的学生到社会上肯定是没问题的。

心理落差现象，如果要追究原因，个人的原因占 70%，单位占 30%。单位的原因在哪呢？单位就是这么实实在在存在的一个东西。有这么多人再去接纳一个学生，它只能让这个学生去改变自己适应这个单位，而不是让其他这么多人改变去适应这个学生。企业就像一个队伍向前走，你来了之后只能跟着这个队伍往前走，不管是甩手的幅度还是步伐的大小，你必须跟着这个队伍的节奏。为什么会不适应呢？你老有自己的一些想法，人家都是小幅度甩手臂，而你习惯了大幅度地乱甩手臂，你的手经常碰到别人，人家肯定不乐意啊，反映出来就是人家说这孩子怎么这样。迈步呢，别人都是小步子，而你总是大步子踩到前面那人的脚，这就是你的不适应。但是，不可能让环境去为应届生改变。同时，中国整个人力资源也是一个起步的阶段，很多单位并没有针对新入职的大学生有完善的入职培训，基本上就是来了就干，来了就得去适应。这方面，企业没有一个很好的体系去指导毕业生，这是企业的责任，这是个很生硬的过程。而应届生没有意识到这一点，他来了之后就是把自己的习惯带进去，就会产生很多矛盾，必须改变着去适应。

如果你本科就决定自己毕业要就业，那你得抓住所有时间去实习，把所有打游戏的时间用来实习，这样你毕业之后才有可能找到你适合干什么。你说大学毕业不实习找不到工作读完研究生找工作还是一脸茫然。实习就是一个认识社会的过程。

如果你本科就对自己的专业很感兴趣，不是为了学习而学习，那这种时候可以接着直接读研究生。如果你不喜欢本专业，但是你已经瞄准了其他某个学校或者某个专业，你有校友或者亲戚是学这个专业的，这个专业确实好而且你又对它有兴趣，那么你看准了这个之后就可以直接考研，因为你已经有方向了。如果你不符合以上这两项，比如说你本科学的哲学，不好就业就考研究生，考别的也不好考，再考哲学的研究生，导致你本科毕业找不到工作考硕士，硕士毕业找不到工作考博士，博士毕业还是找不到工作，其实这就是在逃避。所以说要积极地去应对，比如说本科对哲学没兴趣，那你可以去辅修个其他专业，看对哪个感兴趣，本科毕业后再看你有没有既定的方向。有方向还是直接读研，因为这个时候你的成本会比较低。如果工作了两年读研究生，备考就会时间不太够用，完全脱产又会有经济压力，那样就会成本比较高。如果你本科毕业没有方向我还是建议就业，去社会上碰碰钉子知道工作是怎么回事，然后再看看自己的兴趣点在哪里，这时候再来考研也是对的。就怕特别盲目没有方向。个人需要有对自己兴趣和有前景领域的判断力。没有判断的能力建议可以跟自己的师兄师姐去交朋友多聊聊，或者去老乡会，跟比自己高三五届的校友聊天，去积极主动地了解信息，看看别人的职业发展，也听取别人的一些建议。有实习的机会一定要去，看看社会是怎么样的，明确理想与现实之间的距离。

采访总结

梅子女士对市场上国有企业、外资企业、民营企业的认识十分全面而客观，在深入分析了不同类型企业的发展现状和风格差异后，详细探讨了不同类型企业对个人的职业发展的影响。梅子女士从自己的工作经历出发建议，若是有抱负和远大目标的毕业生，不要将自己局限在事业单位等稳定性强却无广阔前景的用人单位里。

同时，梅子女士也指出，无论是哪一种企业，求职者或者毕业生对于自己的准确认知是最重要的。这里似乎响应了苏格拉底最原始的哲学命题："认识你自己。"认清自己的同时，认识社会也是一个很关键的过程。所以，梅子女士指出，大学生应该在大学期间或之后更广泛和深入地了解社会，可以是通过实习，也可以是从老师、老乡、师兄师姐等多个信息渠道获得信息。一些个人的职业规划甚至人生规划，应当基于自己对社会和对自己清晰认知的基础。

访谈过程中，梅子女士都始终明确地表示毕业生应该放低自己的姿态。很多毕业生分析企业的因素，在梅子女士的眼里，与个人发展前景和获得经验的因素相比，都是不足以起到重大作用和决定意义的。毕业生不要由于一些不重要的顾虑和犹豫而错过一些好的机会。

梅子女士通过个人多年工作经历和感悟，为我们清晰讲述了众说纷纭的国企、外企和民企到底是怎样的，并且指出了毕业生在分析就业单位时什么才是重中之重，才是最应该注重的。

第9章　提高综合素质和能力

李思雨

被访者：

李先生，山东人，某市政府办公室负责人。大学本科专业为汉语言文学，获文学学士学位；工作后，获工程硕士学位。

长期在政府综合部门工作，先后任市发展改革委员会、市政府办公室负责人，分管工作涉及发展规划、经济运行、投资管理以及综合文字、政务服务、人力资源等方面。

近年来组织实施了单位工作人员遴选、招聘，以及单位内部职位竞争上岗，主持笔试和面试答辩会；完善工作人员考核机制和办法，组织实施综合考核奖惩；制定工作人员教育培训制度，邀请专家授课，组织了赴国内高校素质能力提升培训等。在工作中，积累了丰富的人力资源管理经验。

引　言

当一份空白简历放在你面前，你想到的是如何填满它；当面试考官在你面前，你想到的是如何征服他；当一份工作摆在你面前，你想到的是如何出色地完成它。但是想要做到前面的一切，需要的不仅仅是一些花哨的技巧，更需要的是真才实学。而真才实学，则来自日常中一点一滴的积累。

面对大学校园精彩却又纷乱的生活，你可能觉得目不暇接却又无所适从。你面对着太多的选择、太多的诱惑。选择有这么多，如何才能选出日后对你最有帮助的那些锻炼机会？你需要锻炼出怎样的能力才能填满一份简历，征服一位考官？这正是本章想要告诉你的事情。

◆ 学好专业最重要

请问：在如今这个国考仍然很火的年代，公务员还是被大家争相追捧，虽然这可能不再是一个铁饭碗，但是相对于企业来说，仍然有更多的毕业生投入了考公务员的队伍。那么，相对于企业的用人要求，政府单位更注重大学生的哪些能力和素质呢？怎样的大学生才能够在面试中脱颖而出呢？

首先，当然是要看学生的专业功底。因为只有拥有扎实的专业功底的学生，以后发展的潜力更大，学习能力更强，日后成长进步得更快，所以在招聘中会看学生简历、成绩、专业的情况。其次，会看学生的一些综合素质。通过面试观察学生的人际沟通能力。良好的沟通能力是很重要的，是做好工作的关键。另一个是要有亲和力，还有语言的表达能力，这也和沟通能力有关系。最后是看重文字的写作能力。在机关工作，文字表达能力是很重要的，这里面也体现了一个人的逻辑思维能力。另外，当然还会考查学生具体的除了专业以外的操作能力、实践能力，通过面试进行考察了解。就像去年我们招聘的政府门户网站的编辑，应聘的都是相关专业的大学生，其中有一个学生给我留下了深刻印象。这位学生在大学期间，参加了很多实践活动，展示了很多他参与编辑的新闻稿等，和别的学生比起来，他的经历更胜一筹。我觉得作为一个学生来说，他达到了社会上需要的水平，应该很快就能够胜任他的工作。对于大学生在大学期间需要做什么，我认为一定要把自己的专业知识学扎实，专业功底打好，这是最基础的。此外还要锻炼自己的实践能力，如果有机会要多参加学校和社团活动，在活动中锻炼自己的沟通、交流、协作能力、责任意识，让自己在实践中得到提高。特别是要多锻炼自己的组织、协调能力，这也是到单位工作，包括将来走到工作岗位后，能够担当更多工作任务所需要的。

此外，在实习时，不是要刻意表现自己，而是要在实习时注重自己综合素质和能力的提高，和表现是有区别的，要用心做好每件事情，认真对待每项工作。在这个过程中，用心领悟才能有所提高。

◆ 抓住一切锻炼自己的机会

请问：现在很多大学生对于参加社会活动，还有课堂展示等一些上台表现的机会并不是很热衷，那么在大学期间，多参加社会活动，多展示自己，在日后的面试时是否会有所体现呢？

当然会有所体现。我自己的经历也很好地说明了这一点。我的经历就使我深刻地明白了在学校的锻炼对于面试是多么重要。我原先是一个略微内向的人，并不善于表现自己，但是由于大学上的是师范类学校并且是中文系，所以不得不在学校里进行各种登台讲课的练习，久而久之，口才、临场应变等能力都有了很大提升。特别是在工作面试时，大学期间的锻炼使得我的面试非常顺利。因此，我认为现在的大学生也应该抓住在学校一切展示、练习的机会。就说我所面试过的学生，在我们的招聘过程中，也能够清楚地感受到学生的差别。在交流中可以感受出，那些在学校时就注重自己综合能力提高、为以后工作做出了准备的学生，在面试时会有明显的不同，参加社团活动的经历，会使他们比其他只注重自身学习，却对综合能力有所忽视的学生更有优势。无论是在表达沟通、思维实践能力方面都有着明显的优势，可以说这些学生更受用人单位的欢迎。总体感觉表现比较好的学生，不论是专业能力，还是语言表达、逻辑思维能力都更出彩，同时还会在外在表现出强大的自信心。当然，这些方面不仅是专业素养，更体现了在实践活动中锻炼和培养的礼仪、表达、沟通能力。如果把专业知识比作一个人的内容的话，那这些表达、沟通能力就是你的形式，一个人的形式和内容应该是高度统一的，这样的学生才是社会所需要的，才能在竞争中、在面试中有更高的发展潜力。特别是面试中那些艺术类的学生，艺术的学习对一个人的外在塑造的效果是很明显的，艺术类学生的表达、举止、礼仪等方面的能力要远胜于普通学生。这些学生已经将表演融入了自己的日常生活中，他们已经习惯了人们的注视。因此，在面试时，很多学生会因为主考官的注视说不出话来，但是，这些艺术类学生却能更加完美、流畅地表达自己，由内而外地散发出自信的气质，即使他们答案的内容不一定令人满意，但他们的表现绝对会为其加分不少。所以，当你再面临上台展示的机会时，不要犹豫，自信地在台上表现出你最好的一面，日后你一定会获益无穷的。

◆ 什么能给我们带来额外加分?

请问：入党在如今的大学中仍然不能算是一件容易的事情，从积极分子到正式党员中间有着重重障碍，且不论其时间跨度有多大，就是一轮又一轮的选拔就会将人一直拖下去。但是，这些困难仍没有阻挡大家对于入党的热情，这要归结于，在大部分人的意识中认为党员的身份会让自己在招聘时脱颖而出。那么，政府单位是不是更加偏爱党员呢？此外，“考证热”一直是一个大家关注的现象，那么是不是真的证书越多，说明能力越强？真的有必要考一大堆证书吗？

学生如果能够在大学期间入党的话，一定程度上能够体现学生的政治素质，代表了一定的水平，可能说明他在同级学生中是出类拔萃的。但是在实际招聘过程中，一般来说是不会特别看重党员这一条件的，党员的作用不再像以前一样那么重要了。

应该说证书很重要，但是我们看重的主要是与你专业能力相关的证书，而其他方面的证书，其实也没有太多实际意义。所以在打牢自己专业基础的前提下，获得几个专业相关的有代表性证书，还是会起到一定的加分作用的。

如今，许多大学专门有一个暑期小学期来让学生有专门的时间来辅修或学习双学位，越来越多的学生开始奔波于两个专业的课堂。但是我认为学生要尽可能地在与自己专业相关、相近的领域发展，当然还是要在学好本专业的基础上，同时还有多余的精力和时间的前提下，再去学习双学位。对于大多数学生来说，还是只学好本专业知识就可以了。其实，对于用人单位来说，这些并不是很重要。

◆ 国产 VS 海归

请问：2014 年全国高校毕业生规模达到 727 万人，比 2013 年多出 28 万人，

再次创下历史新高。而海归人数预计将超过 30 万，届时将出现应届生与海归之间非常激烈的就业竞争局面。据早前内地教育机构的调查，2013 年，海归回国后第一份工作年薪普遍不高，其中，36.5% 起薪不足 4 万元，67.2% 起薪不足 6 万元。在招聘时，海归是否还有优势？

单纯讲海归的优势，应该已经不复存在了。对我所在的单位来说，看重的除了学生自身素质之外，还会看重学校的品牌，就像国内大学分不同档次一样，不是所有国外学校都是好的。对于海归盲目推崇的时代已经过去了，现在更加注重的是学校的影响力、品牌力。不论是国内还是国外，一流大学的学生都会更受用人单位的喜爱。所以，现在的用人单位已经不再认为海归就一定是好的了。

采访总结

想要在如今激烈的竞争中获胜，单靠技巧是远远不够的，提高自身的核心竞争力与综合素质才是取胜的关键。

根据这次采访，我对大学生所需要的能力与素质进行了一个简单的排序。最重要的当然是专业素质和能力，其次是表达沟通、文字写作、组织、协调能力，最后是学校影响力、党员、证书等。因此，我们可以看到，不管你是否喜欢自己现在的专业，既然你已经选择了它，那么就要把它学好。学好自己的专业，拥有专业的知识和能力，才是别人难以模仿和超越的核心竞争力。其他的能力则是需要点点积累与锻炼得来的，绝不是一朝一夕可以形成的，也不是找工作前上几次辅导班突击能够得到的。所以，抓住身边每一次锻炼的机会，努力把每件事都做到最好，才能为今后打下坚实的基础。

第10章　提高自己的综合能力和核心竞争力

董可馨

被访者：

杨静姝，1975年生。现任职于新疆缔森地产开发有限公司。缔森地产是国内一家中大型规模的房地产民营企业，杨女士在公司里担任综合管理部部长兼首席运营官，负责公司的行政、运营，以及人力资源管理相关工作。她的工作内容包括：完善公司运营管理，组织完成公司业务计划，推进公司人力资源管理、行政管理。

30多岁的杨女士留着披肩长发，时时保持着微笑，举止谈吐优雅自信，看起来亲和大方又干练。进入缔森地产之前，她曾在学校做过老师，也在一家规模并不大的公司有过一段短暂的工作经历。2006年，她进入现在所在的公司，算来今年已经是她在缔森地产的第十个年头了。她先从业务部门做起，而后“半路出家”，接手负责公司的人力资源管理工作，通过出色的工作业绩一步步打拼到现在的位置。

引　言

经过十数年寒窗苦读的校园生活，当你离开象牙塔的生活，进入职场，开启另一段崭新的人生旅途时，你为迎接它做好准备了吗？

每年的毕业季都是万千毕业生的验收季，有人硕果累累，欢喜而歌；也有人颗粒无收，痛苦而泣。每个人都想获得 HR 的青睐，顺利迈入心仪企业的门槛，想都出色完成一项项工作任务，成为一位优秀的职场达人。可是，你的“金刚钻”是什么？“三板斧”又在哪里？在竞争如此激烈的今天，在千千万万的竞争者中，你的优势为何？

为完成由学校到社会的顺利过渡，越来越多的人在学校里就已开始准备，积极开拓自己、充实自己、提升自己。为走好接下来在职场中的每一步，我们，该如何做？面对这个问题，我们很容易说出这样一份答案：不断提高自己的综合能力与素质，培养良好的环境适应力、抗压力和人际交往能力，做事有积极主动的态度，具备过硬的专业素养。

说来容易，可是，如何才能具备良好的适应力，随时随环境的变化而做出相应调整？所谓人际交往就是外向善谈吗？会说话是否意味着会沟通？在大学里如何面对扎实专业知识与广泛参与各类实践活动的矛盾？企业究竟喜欢哪类人？我们又该如何使自身具备相应的能力，练就深厚内功，形成自己的竞争力？

面对这些问题，你的心中可有了答案？

◆ 能力培养问题

请问：结合这么多年的工作经历，您觉得大学生应该着重培养什么样的素质和能力呢？

我觉得首先是适应能力。社会不同于学校，在这里，竞争肯定更激烈。对于新入职的大学毕业生来说，所需要适应的是不同于以往的工作、学习以及生活环境。这包括对企业的管理模式、领导的管理方式的不同的管理模式和领导方式所形成的企业文化氛围也不尽相同，这时候，自我的调节、适应能力就特别重要，其实这个适应能力在很大程度上是指你的抗压力。要能够在未来工作中应付各种新情况，解决各种新问题，良好的抗压力当然是必不可少的。现在，90 后已经成为就业的主力军，是否具有足够的耐受力以应对挫折，成为独生子们合格入职的一大考验。

这里我也要说，名牌高校的毕业证、在校期间优异的成绩与表现，也许能够帮助求职者过好第一关，叩开企业的大门。但不论如何优秀，自走进公司的第一时刻起，任何人都只是一个新人，公司不会轻易委以重任。完成琐碎、具体的任务是每个职场新人不得不经历的第一步。结合我的工作经历来看，在实习生进入公司被分到各部门之后，都会在不起眼的位置先做一些非常琐碎的事情，也许这些工作无法体现他们的个人能力以及专业价值，在这种时候就特别需要足够的抗压能力和耐受力，需要一个平和的、积极乐观的心态，一边做好分内的工作，一边多听多干多学，在这个过程中去积累、去沉淀，然后才有可能去做更重要的事。

在工作学习成长的过程中，我们都会遇到各种能够想的到或者无法预料的困难，在走入社会后，在企业中，人际、社交问题会比较突出。要处理好人际关系，就需要具备较好的社交能力，社交能力其实是比较广义的，它包括协调组织能力以及沟通能力。沟通不是那么简单的能说、会表达就行，重要的在于，通过有效的沟通从而使事情能够达成，结果的顺利实现是每个企业、每个部门都看重的。尤其是我所从事的人力资源管理这种性质的工作，良好的沟通能力和协调组织能力更重要。根据我们工作的实际情况，HR 的沟通有时是一对一的，有时是一对多的，对象的不同，场合的不同决定了所需要采取的沟通方式和沟通技巧的不同。此外，沟通也包括书面的沟通，所以良好的文字功底也是重要的。

我建议大学生多多参与各类实践活动，去锻炼并提高自己的沟通和表达能力。先从学校的活动开始，参与只是第一步，接下来，在可能的时候主动组织，在组织的过程中会涉及方方面面的协调与配合，这才是真正能够锻炼人的。不管是什么样的活动，就是要多参与。如果有上台的机会就多上台，有说话的机会就多说话，有组织的机会就多组织。多参与由个别人发起的这样的活动，而不仅仅是大家组织的我去参加一下。最好是由自己发起、组织、策划，然后去沟通、协调，能多做这样的事情，对自己会有很大的帮助。你们在学校里一定有很多活动，对这些活动的参与不必太在乎类型，重要的是能锻炼自己的心理素质，提高表达能力、演讲能力，还有控场能力。能够自信、清楚地表达自己的观点，也是我们特别看重的。如果对毕业生在职场中所需要具备的各种能力给予我心目中的一个权重排序，那么，就常态而言，适应能力是排在第一的，专业能力第二，接下来是自主学习能力。如果能具备良好的适应能力，那么自然会在工作过程中慢慢地去培养各方面的能力，以达到企业的要求。

◆ 企业对用人的考虑

请问：您作为 HR 部门主管，应该对企业的用人标准比较了解，您认为企业更中意或者说更乐于聘用哪种人？

公司会比较喜欢态度积极主动的人。因为学校不同于社会、不同于企业，工作中碰到的问题往往是复杂的、实际的。很多时候，大学生在学校所学习的那些知识很难直接应用于工作中，所以需要保持自主学习的热情，不断学习、不停地充实自己，这个特别重要。

我觉得 60、70 年代的员工和 80、90 后新一代员工的一个很大区别就在于，前者在工作中不需要师傅的带领，而会主动地学习技能，提升自己；相比较而言，年轻一代的员工自主学习的主动性就要差一些。比如说，在我们公司，如果有新的技术或项目进入，会给资历较长的师傅分一些技术欠缺、尚需学习的新人去带。面对这样的任务，老师傅们往往并不乐意，他们认为在自己年轻的时候如果被要求去执行一个项目，一定会想办法多听多看多学，自己主动去解决，而现在的年轻一代，能够自主学习、主动解决问题的并不多。其实，我的想法也是这样的。根据我这些年的工作经历，我所看到的情况也大致如此。很多年轻员工会等着别人来安排工作，等着别人来指导，这样是不好的。主动学习是非常重要的，不仅仅是主动地学习，除此之外，主动性还体现在工作的其他方方面面。一个人不管是作为实习生还是新进员工，初入企业都不会被赋予核心的工作任务，但是可以在完成琐碎工作的同时去梳理与工作相关的业务流程和一些关键点，乃至对部门与部门之间的衔接环节的熟悉。缺乏自主性的人只会满足于公司所留下的手头任务，而不能在琐碎细小的工作之中找到它的价值，更不能在这些工作之外有新的收获。

举例来说，哪怕像端茶送水这样一件不起眼的工作，也是有它的意义与价值的。端茶送水是一个非常小的工作，但却是一个不能忽视的工作，因为你在做，有人在看。对于企业来说，下一步能不能交给他的员工更重要的工作的前提正是前面那些琐碎的，也许看起来并不重要的工作有没有做好它。这是很关键的一个地方，主动特别重要。我们不能等到别人来安排，可以自己主动来要工作，我能做什么，你可不可以把这个工作给我来做。其实，公司人，部门负责人，领导，他都喜欢主动的人——主动学习，主动要工作，主动承担，是这样的人。

其实，我强调主动承担，是因为主动性不仅对个人的成长发展很重要，它也关乎部门乃至整个公司的良好运转。现在的工作任务都不是单一、简单，凭一己之力就能完成的。当一项工作牵扯很多部门的时候，往往需要各部门之间的协调与配合。例如，牵涉 A、B、C 三个部门，各部门都有可能认为这个事情是其他部门的事情，不是我部门的事情。如果三个部门都抱有这样的想法，互相推诿，不去承担，这项工作就不会有一个好的结果。我们公司 2013 年一整年都在与员工谈承担，谈责任心。我希望即将走上工作岗位的新一代年轻人能够具备这样的职业素养，多一些责任感与担当。你只有把工作当成自己的事情的时候，部门的工作才会有推进，小部门的工作推进了，公司的工作才能推进；公司的工作推进了，有成果了，你个人才能在这个平台上持续地、更好地发展。我们现在的工作，准确地说，不是在为老板，不是在为企业，实际上是在为自己。你做的所有的都是在为自己做，在为自己积累，只有积累到一定程度才有可能去走更好的一步路。

我这里还有一个很好的例子。她是我的一个同事，一个学历并不是很高的女孩。从初中开始，这个女孩每逢寒暑假就在外面打工做促销，进入我们公司时也只有 20 岁的年纪。刚进公司的时候，她的专业与她所在的部门要做的工作完全不对口，但是她的学习能力极强，而且做事积极主动，公司很欣赏她身上的这种优点。因为这个女孩比较早走入社会，从事各种实习工作和实践活动，她因此得以与各种人相处、打交道，这练就了她灵敏的反应力。她是比较典型的，遇事不会胆怯，能够与周围的同事、领导主动地沟通，碰到困难主动地去问，主动地去学，这是比较好的。公司是比较喜欢这样的人的，主动性强，不胆怯。这个女孩子身上善于学习，积极主动的品质，还有她丰富的经历，成为了她很大的竞争优势。实际上，她也是我们公司历史上极少的由实习生直接转为正式员工的幸运者。这幸运，无关运气，是靠她自己的主动与努力。

◆ 招聘方对非能力因素的考虑

请问：您在招聘过程中还会注意哪些特别的地方呢？

关于员工的地域来源问题，我们在招聘的过程中会更倾向于本地的求职者。因为企业要长期发展，稳定性会是我们考虑的一个重要因素。除了懂得大型项目建设的稀缺性高技能人才可能会高薪从其他地方聘请，就常规而言，我们会更希望所聘用的员工是本地的。企业对求职者稳定性的考察不仅在于注意求职者的地域来源，还会注重另一个关键点，就是是否有较频繁更换工作的经历。如果曾频繁更换工作的，基本不予考虑。对于企业来说，使用这种人是有风险的，忠诚度是会被考量的重要方面。此外，我们还会比较关注应聘者曾经离开企业的原因，关注他的个人期望。因为员工离开企业的原因非常多，有的可能是薪资原因，有的可能是个人发展问题。作为招聘方，我们也会关注这些人心里所关注的点。

虽然具备各种与完成工作任务相关的能力是一个人能高效高质地完成各种工作的重要保证，但出色完成好工作任务的重要前提，是良好的道德品质和健康身体素质，这两点也是我们所在意的。一个人首先要品行端正，这没得说。此外，就是健康的身体。如我所在的工程类公司更是对员工身体素质有着一定的要求。我们公司虽不是施工方，但是作为开发商在施工企业的施工过程中必须要对工程质量进行监管，员工一天的工作时间基本上自早晨九点钟到晚上十点钟，一年中除了春节几天基本上没有节假日，如果没有一个好的身体是没有办法从事这项工作的。

关于实习或者是就业的去向，我的建议是，大学生毕业后去中大型规模的民企、私企或者外企。小企业由于其规模达不到一定程度，组织架构不健全，因而在公司实际运作过程中可能会省去很多流程，很多事情老板一拍板就定了，作为个体可能很多工作过程都参与不到。相对来说，正规的中大型企业部门健全、流程制度是完善的，在这种企业中才有可能接触到较规范的成体系的完整工作流程，这对个人的学习成长是有很大帮助的。

另外，我还想说一点。近些年中国房地产行业发展得非常迅猛，我所在的房地产开发企业的年开发量在一百二十万平方米左右，如此大规模且高速增长的开发量让我们没有时间从零开始去培养新人、去关注新进员工的成长。企业真正需要的是成熟型人才，我们招聘的门槛之一便是三年以上工作经历，而且这还是工程项目部技术员的岗位。对于我们这样的房地产企业，缺的更多的是成熟的工程师、项目经理以及高层管理人员。这部分人才现在非常难招，对这些成熟的技术人员和中高层管理人员的选择有些时候也不得不降低自己的标准。但是对大学生来说，应聘者过剩，企业当然能够以高标准去挑选优秀人才。所以，大学生就业的压力是很大的，你们更不能放松。

采访总结

近两个小时的采访，杨静姝女士向笔者就大学生的能力培养、现今企业的关注与对员工的期望等方面表达了自己的想法，还谈及时下企业在招聘中对求职者的地域来源、职业素养和身体条件等非能力因素的考虑。此外，她也结合自己的亲身经历与体会对即将走上职场的大学生提出了一些建议。

在采访中，杨女士也谈到，如今人才市场竞争非常激烈。对于企业来说，大学毕业生供过于求，没有任何人是不可或缺的，尤其对于新毕业的大学生来说更是如此。一个初出茅庐的大学生要想在万千竞争者中脱颖而出，成为一名合格的职业人，要学习、修炼的地方还有很多。所谓拥有自己的竞争优势，不仅要注重培养自身的综合能力，还要在某一方面有突出于他人的能力；不仅扎实学好专业知识，还要多接触社会，提高自身的社会适应力。

可以说，在竞争激烈的求职战场上，一份漂亮的简历、一身光鲜的行头也许能帮求职者获得 HR 的注意，为自己加分，但是归根结底，出众的综合能力才是真正的硬功夫。要想走过通往心仪职场的独木桥，靠的是实力，以实力为支撑的自信才更从容，更有底气。在学校里学习到的专业知识是我们硬实力，而抗压、沟通、主动这些则是为我们添翼的软实力，做到了真正的软硬兼具，才能真正形成自己的核心竞争力，为企业所青睐。

第11章　简历制定与投递

董可欣

被访者：

成立于1979年的FESCO，全称北京外企人力资源服务有限公司，是中国率先为外商驻华代表机构、外商金融机构和经济组织提供专业化人力资源服务的公司，是跨国企业在华的首选人力资源战略合作伙伴，中国人力资源业界最具竞争力和品牌价值的企业，是中国500强企业之一，也是中国人力资源服务行业的领跑者。

李依浓女士是北京外企人才网络技术服务有限公司的招聘业务总监，在招聘事务上有非常丰富的经验，也是一位日本留学归来的“海归”。我们与她的联系一直进行得比较顺利。通电话约见时便感受到了她的热情爽朗，实际访谈过程中更加了解了对方的坦率和幽默。她以自己的见闻和经历为我们举例，很认真地分享在每个问题上的看法。在接下来的内容中，笔者尽力还原当时的访谈过程，为读者展现一个真实且有趣的猎头HR。

引　言

有过求职经历的人对简历都不会太陌生，它是求职过程中的一道重要关卡。企业的 HR 没有那么多时间，HR 队伍也没有那么壮大，去组织系统的笔试和面试，用这样相对准确全面但同时也十分耗时耗力的方式来考察每一个求职者。所以，HR 往往会通过求职者投递来的简历进行首轮筛选。这时的简历对于 HR 来说，可以被看成一种在招聘中节约时间与精力的方式。

而简历对于求职者的作用，就是代替你去与 HR 见第一面，给他们留下一个你希望留下的印象。你把自己值得看重的经历、引以为傲的成就以及与工作相关的个人特点，整齐地码进一张薄薄的 A4 纸，递交给招聘者评价。简历内容不合格的求职者在这一关便被直接淘汰，连一个面对面展示自己的机会都无法获得。因此，制作与投递简历的质量，决定着你是否能真正接触到面试官，从而拿到通往理想职位的门票。

那么，如何通过这一张纸来充分把握求职机会？什么样的内容需要放在简历中，什么样的内容可以删掉，又有什么样的内容不能留下？你心中一定有不少疑惑，也有一些相应的猜想。现在让我们转换一个角度，站在 HR 的位置上来审视有关简历的问题，看招聘者是如何筛选简历的，他们究竟看重简历的哪几个部分，而互联网招聘又是怎么一回事，也许你会从中找到希望获得的答案。

◆ 网络招聘面面观

请问：现在对于毕业生来说有一些类似前程无忧、中华英才网之类的招聘网站，您认为他们通过招聘网站来竞聘职位是可行的吗？

因为在 FESCO 这块儿，我们也有一个招聘的窗口，我不知道你们有没有登录过。我觉得就互联网来说，学生和社会人士来投递简历是有效的，我大概给你们介绍一下这些渠道吧。这些渠道分别都有一些自己的专长。

拿我们自己的网站举例子。我们 FESCO 的官网也有一个招聘求职的栏目。我们这个板块针对的受众人群，以及我们所服务的甲方公司在方向上都是偏外资类的。候选人这块儿大多是海归，包括一些外企的语言类人才，还有会多语种的或者其他类的复合型人才——比如说懂 IT 研发又会日语的，或者学金融的英文又特别好的，这些都是像我刚才说的复合型人才。还有一部分浏览我们的网站的人，是在外资企业已经工作过的白领。他们浏览我们的网站，一般是还想在外企圈继续找工作。这就是泛泛而讲，不单是指你们应届毕业生。那么智联招聘、前程无忧就是咱们讲的 51，还有中华英才网，这些就是偏社会通用类的招聘网站。我认为它们其实在分门别类上没有什么太大差异。他们对求职者来说，就是一个公众招聘平台。

很多企业不管是外资类的还是民企，或者上市公司以及国营单位，都可能将招聘信息分别投放到几个平台上去。比如说，丰田他们既会投 FESCO，也会投 51，还会投智联。我觉得你们在上网应聘时应当多找一些途径，这会令你们更加有优势。我从企业这个角度来讲，因为我们也是他们招聘人才的供应商，算一个渠道。其实，从甲方来讲，他们也会有一些有的放矢的措施。比如说，行业内部都说 51 在南方的人才量是比较多的，可能也是比较优秀的。如果丰田在常熟有一个研发中心，那在投放的时候可能会调研供应商，他们发现 51 在这方面比较有优势，那么在选择时就会有所偏重。想找外企人才的，比如 IBM，就可能选一家 FESCO，再选一家智联。这是我们在行业内部的一些说法吧。所以，甲方公司在找网站时可能也会有的放矢地投放。

◆ 哪些行业、职业采用网招多，网招中是怎么筛选简历的

请问：您觉得哪些行业或者哪些职位用这些网招的比较多？

我觉得，若说行业，这个没法具体回答。现在认可互联网招聘的企业越来越多，因为互联网是一个比较现代、比较前端的平台。不管是饮食时尚还是购物都会通过互联网平台招聘。那么，企业想招人，就很可能会用上网站。网招有很多优势，最重要的一点就是发放广告的成本比较低。我们部门现在跟网站分开，专门做猎头职位。其实，一个猎头职位招聘最低也要两三万块。今天哪怕是一个前台，也被称为广义的猎头职位了。现在猎头不像你们理解的必须是高层，比如必须招一个 CEO。企业没那么多换 CEO 的时候，天天换老大的公司可能也不太靠谱。在今天看来，招聘成本比较低的途径还是通过网站。现在的企业进行招聘时一般都会用到互联网，互联网招聘也还算是一个可行的渠道。再拿丰田来说，比如我投放智联、51、FESCO，但一些高端的职位还是要用到猎头，他们是会分层的。我认为（招聘是否要通过网络）从行业角度不好讲，有一些热门行业会用互联网，可冷门的也要用，可能还更用互联网，因为招不到嘛。那如果从职位来讲，我认为一般放在公众平台上的有几块，比如说通用类职位，每个公司要用到的，HR，财务类的——出纳、会计、财务经理、主管，还有行政类的，这个现在不是每个公司都有，再有销售营销市场类的，总务类（日本公司会有）后勤类这些职位，这都属于通用类。从职位来讲，这些可能是比较多的。当然，技术类也是一大块，那咱得看什么技术，IT 技术算技术吧，医药研发、金融也算技术。我只举几个例子，这些也归到互联网上去招聘。其实，现在甲方在投放招聘广告时会打一个包，群发给网站，因为他们包年会有一定职位量，比如给你 500 个职位。所以他们会把放给猎头的职位同时发布在招聘网站上。比如丰田放给我们一个产品的高级经理，做产品调研，年薪在 40 万元左右，这样的职位从网上找匹配度较高的人相对比较困难，但还是会放到招聘网站上去。因为万一招上来了呢，

当然这种职位会跟我们猎头交流了，但是如果有漏网之鱼此时此刻投上来了，那么就节省了一大块猎头成本。所以在职位上他们会分层次，但他们也会同时把他们的高端职位、管理岗位、稀缺岗位放到招聘网站上。这样成本是一样的，反正500个职位他们也用不完。

也是有两种吧。企业从网站上买了招聘广告，会有一定的 online 发布，收就行了，你我都会给他投简历，发到他们邮箱里，拿出来看然后联系你。还有一种是主动去 search 的，企业在后台有一个账号，看到合适的，搜关键字，比如英语、汽车，一下子出来无数个简历，他从前面往后筛。他会看比如这个月更新简历的人是多少，这样时效性可能比较强，就联系你说这份简历很匹配，你过来面试吧。先给 5 个人打电话，这批不行再给 10 个人打电话。

◆ 网上招聘的发展

请问：可是广告放在网站上会有很多人投，筛选也是一种人力资源成本。这会比猎头的成本要低吗？

这个问题挺有技术含量的。现在企业也在逐渐改善，调整自己的招聘模式、招聘渠道。他们每年都在 review 自己的招聘专员。

那咱继续拿丰田举例子，因为它比较大，所有的这些东西都可以覆盖到。丰田经历了几个阶段，拿 2005 年来讲，因为我是差不多在这个时候到的这家公司，我也跟他们走过了一个招聘历程。2005 年他们还没启用猎头这个渠道，那时候他们是在 FESCO.COM 这个网站上投放广告，放大大的比较醒目的 LOGO，体现自己的招聘实力。同时，他们在智联上应该也放了。那会儿我是日本回来的留学生，也挺关注这些大公司招聘的，我也会在网站上投简历，但就是没有消息。那时候丰田还接受一种模式，就是在 2005 年之前去应聘要同时给他们写封信，以邮寄形式投给公司，里面附上履历书，然后就等着吧。我没听说身边的人有谁通过投简历去了丰田，就是以这种邮寄形式。现在有一个 HR 的公司那就太小了，最少都有三四个去管理，有的企业光招聘的人就二十个。甚至像甲骨文这样的公司还有自己的猎头团队，他们不想把大批预算给到猎头公司，在招聘这一点上每个公司都不一样。对当时的丰田来说，他们招聘力量比较弱，大家投递了就石沉大海。我回国前就投过，也没人理。按说要比人的资质或整体能力，最起码得有个面试，来测试包括语言能力和个人形象，连面试机会都没有，那就很难考量候选人是否合适。我当时就在想是不是我学校或语言的原因，但这没法考量呀。在日本，私立大学与公立大学都是一样的。我还是很困惑的。回国以后参加一些招聘会，去投纸质简历，也没有人理；每个摊位前都有人在收，也没什么消息。我也打听别人，基本上都没什么消息。当然，也可能有一些我不认识的，通过这些途径成功了。所以丰田在 2008 年开始认知猎头，但其实他们通过自己的官网和这些渠道也能招到很多合适的人。

但就像你说的，HR 没那么多时间，HR 团队没那么壮大，也没那么完善。HR 在中国这几年才成为一个专业，越来越科学化流程化。引进国外的东西，中国人和中国企业也慢慢开始认可人力资源，但远远还不如国外分门别类那么系统。所以其实很多东西都流失掉了。HR 原来就是打杂、支持，跟后勤一样，没人重视你，不像财务部门那么耀武扬威。其实，那时像丰田这么大的公司到了中国以后也不会像在国外那么完善。我举例子来说，他们有几个人在弄全国的业务，比如离职、员工关系、绩效考核、KPI 啊，还有培训、战略、组织结构框架，好多东西，就是没有一个人完全拿出来筛简历，所以很多东西都流失掉了。他们公司又在末位淘汰、跳槽，人员有很大流失，这样供给不上很影响业务的。他们意识到这以后可能会启用猎头，这样的话他们就会抽出一个人来专门和猎头对接，给人安排面试。他们不能只启用一家猎头吧，那么他们就更无暇应对这些邮寄过来的和互联网上筛选的简历——你知道互联网上投过来的简历量有多大吗。

我觉得这几年网站也越来越差了，但之前几年比如 2005 年、2006 年、2007 年，去中华英才网投简历几乎百发百中。我回国第一份工作就是通过中华英才网找的。我都没想到会那么顺利，上午投简历，下午去面试——我当时甚至不知道亦庄在哪。我去面试一个翻译的职位，一次面试完就去体检上班了，很容易。当然现在大环境也不好，现在你们基本没戏了，就没什么人理你们。其实，我工作后马上就金融危机了，互联网站非常多，建筑类、房地产类、金融类、医药类全出来了，后面的人全疯了，招聘人员也疯了。他们在智联放一个职位一天会收到几千份简历。智联为了增强效果还会放一些自动匹配的，根本没法看，筛选的功夫能把你累死，全是垃圾邮件。FESCO 能好一点，因为我们不大批地放广告，所以网站还是比较干净和专业的，收到的候选人基本上还是外企圈知外企，海归背景，知道 FESCO。圈里有个说法是，如果要去应聘 500 强的外企，连 FESCO 都不知道，那就甭去了。所以这个网站倒没有商业到不行，以致看不到原始面貌。商业化的厉害就会出现很多垃圾，公司在筛的时候一下进来很多卖白菜的、卖白粉的，不知道是干什么的，自己业务上的完全看不见，刚等要看的时候就累了，也错过去了。所以网站在某种意义上也很给 HR 捣乱，变成了很畸形的东西。不像 2005 年、2006 年时招聘网站特别火，非常赚钱，HR 也投放广告，那时候也没有这么多猎头。有一个特别棒的 NGO 国际组织，他们当时的一个 CEO，年薪四五十万元的人，就是从 FESCO 网上招上来的，把我吓一跳。我说，他们怎么会投递呢？后来我们发现就连 20 万元年薪的人都不会投简历，猎头会不断给他们打电话。但是 2006 年、2007 年时 CEO 也可能通过互联网去找工作，很多都变化挺大的。所以关于你提的问题，就是 HR 确实很费精力。

在这种通过率很低的情况下，为什么网投还是一种有效的方法呢？说好听的，就是网站还是有人在仔细地用；说不好听的，就是赶上漏网之鱼了。比如 FESCO，我们就根本不缺人，实习生可能都是这里那里的头儿塞进来。可有时候真的是部门要招人了，这个业务就没有现成能做的人，现在领导要求解决这个问题，那就发网站上去了，发了以后真就有一个小孩正好看见了，然后就面试上了，很神奇。问是谁的关系来的，其实都不是，就是社招的。这种可能性是有的。比如大冢制药，在日本非常有名，就是宝矿力水特那个。他们要找临床医学的人，猎头都找不着，有时候逼急了就只能从网站上找。你们想一下，管招聘的 HR 是怎么被考核的，很多就是你招上多少人，流失多少人，今天提高多少招聘率。他们招不到头儿要的人，会很着急的。这时候，正巧一个人就看见了，投了，然后就来了。这种看起来很“偶然的”现象，在网招中却成为了“普遍的”，虽然还是有很大一部分流失掉了。

从公司官网申请职位和校园招聘比起来，哪一个通过率比较高？那你得看当时公司的需求。这是两种渠道，那你说猎头命中率大还是校招大？这是不能比的，不在一条线上。（是针对人群不一样？）没错，我给你补充一点。正由于 2007 年、2008 年猎头开始蓬勃，对网站的依赖相对减弱，有很多 HR 误认为都没有猎头找你，投递进来的简历，虽然可能很优秀，但我们也不相信你，你很优秀为什么没有猎头找？HR 看着一份简历怀疑，靠谱吗？可能就略过去了。但猎头把同一份简历投过去，HR 就觉得这人靠谱。反之，对候选人讲，也不愿意去网站投了，因为会有公司来认知，投简历好像是一种没能力的表现。所以，感官现象会影响网络招聘。现在基本上年薪十几万元或者二十几万元的人也不会去网上投简历了，猎头基本都能捕捉到他。

那你们只能通过招聘网站去发简历，因为不会有猎头找你们。这肯定有一个阶段，最少两年吧。

◆ 学校与学历有多重要

请问：筛选他们的简历最主要看的是什么？有的同学说看重毕业学校，有的同学说是看重学历，您认为呢？

最重要的还是看学校。我个人都不怎么看这个人是本科还是硕士。个人认为没必要非得把硕士读完才去上班。企业用人很多时候本科就够了。比如，你是本科你是硕士，这一摊事就是一个筛简历的活，本科的要三千就行，硕士非要三千五，对于我们来讲这就一个两千五的活，那我就要本科的。因为我用不上硕士的优势，我就用另一个。我还得考虑你的稳定性，你来了以后觉得自己是硕士，还觉得屈才了，就不稳当了。企业是很直接看利害关系的，硕士跟我没关系，我宁可培养另一个。他低调，愿意干活，给三千就乐意。本科生想着 FESCO 要我，以后慢慢在这学吧，升上去也挺好的，珍惜吧。然后他在这干上三年，对企业贡献也比较大。那个本科生在这干了几年，跳到别的公司一下子就有一个飞跃，可硕士还什么经验都没有呢。

很多优势真的变成了劣势。海归也是，有些本来含金量就不高，回来以后非要把自己当硕士，要跟本科不是一个待遇，现在也挺惨的。当然要是心态好，也愿意学习，当然是好事了。我特别庆幸自己当初没读研，不然回来，就金融危机，就没工作了。大家都上班了，我顶着研究生的帽子还不知道干什么呢。还不如在日本上一年班，对职场有一个认知，感受一下日本严谨的职场。不然，读一个硕士学的东西用到企业，根本用不上。

许多国企对硕士学历有硬性要求。我们也给国营单位招人，他们一定要“211”、“985”，一看是联大的就说你们这简历一看就是凑合事儿，这种简历你们也要推过来吗？你们看过原始学历是什么吗？我们就得挨骂。现在企业也确实认好学校的。我们现在招人，理工大、农大、北工大，都是挺好的学校，我们还是看学校的。企业筛你们的时候，好学校还是管事，映入眼帘就不会觉得你们缺心眼，面试时也会跟你们正常聊聊天。

概率是这样的。北京，很多好学校都在这边，我们这种资质的公司一定会看学校，尤其是 FESCO。我们这里很像学校的，我们都管头儿叫老师。也有不是特别在意的，那就看专业。比如汽车研发上，你来自一个技工学校，但是专业过硬，也可以。也不乏去应聘一些外企，你外语特别棒，也行。现在有一些三十几岁的老人，从党校毕业的，日语说得好着呢，又出过国，又一直伺候日产的老大，除了他别人伺候不了，你说怎么办？这个概率小，他就把某一个点发挥到极致了。所以在择业时也不一定哪里都得很好，但应该把自己的核心竞争力发挥到极致。有的人销售做得很棒，别人去谈不了，你一去就拿下，他们谈 5 万元，你谈 10 万元。一开始岗位不太好，但只要你找准地方做得好了，猎头把你挖走换个地方一带团队，一下就起来了。

起跑线上还看学校。拿着应届毕业证去显摆，上班 3 年以后，绝对看的是你在工作上本质的业务水平。这个时候就没有人让你拿毕业证了，别人只会看你在哪个公司驾驭过哪些专业的东西。你在 HP 做过 3 年绩效管理，IBM 把你挖去一定会给你比这更高的职位和相应待遇。比如绩效主管，这个节点以后，就再也没有人看你的学校了。

那么有些高考成绩差但确实比较优秀的人，应该怎么办？我认为学校不是解决就职的唯一通道，金子到哪都发光我还是认可的。如果当初真的因为种种原因没考好，那也不会就跌入谷底了。在职场上真的找到一个合适发挥的地方，也许混得更好。就怕一步错步步错，没上一个好学校，到了公司给安排一个特别不适合的岗位，领导性格与你不对付，跳槽了更不行。一步赶不上，步步赶不上，就完了。我同学里也有成绩很好的，但是现在在电信窗口给人收费。后期进职场也拼情商的。我们那个年代还有父母关系一说，你们现在也够不上父母关系了吧，起码在北京很难。

◆ HR 看以下简历“加分项”

请问：同学们经常谈到做好简历的重要性，还列举了好几项“加分项“，请谈一下您对加分项的看法。

要招应届毕业生，要问你实习过吗？我自己喜欢实习过的同学。他体验过、感受过职场，虽然他在打杂，也会知道大家在干什么，会借鉴一些，哪怕是影子呢。这种人对职场有一种憧憬，在这里实习但没留下来，以后工作时可能也更加珍惜一点。刚毕业什么都没接触过的，可能相对愣头青，来了以后就感觉我年轻我怕什么呢，大不了就走呗。

其实也不赖学生，你们自己也不知道想要什么，就知道看企业。我当时也想着能进丰田多好啊，哪怕给他们当个前台，送个邮件也行；这公司多大啊，成为那里的一分子也不枉我留学这一次；人家问我在哪上班，说我在丰田，就这感觉。可是，你想要的是什么？你的优势在哪？企业用得到你的优势吗？就觉得那个谁进哪哪哪儿了吧，大国有单位，进了这儿一辈子也就行了吧，应该是不错吧。可是，适不适合你们呢？比如，我就不适合进甲方。我性格相对张扬，弹性比较大，如果我在甲方做人事专员，要跟每个部门保持中立的态度，不能跟某个部门保持亲密的接触，若即若离的，我受不了这种感觉，我的老板也受不了我这种性格。所以我并不适合进甲方公司给人家做个比如绩效考核什么的。你的优势在不合适的地方，反而会成为劣势。比如说我这个职位，从大公司弄一个管薪酬的人放在这，他不愿意接触人，做猎头挖人家不愿意跟人聊天，平铺直叙，那在这待着就没什么意思，就会考虑跳槽。企业选人的时候一定会把人的优势看准，人岗匹配。

实习经历，中大公司比小公司加分吗？那当然了。以后你可能会有一种感觉，当初实习也没锻炼出什么能力来，但也还是有用的。

筛选简历时专业对口重要吗？那要分什么公司。像我们公司就不是很看重。因为我们是做服务的，我们不是人力资源专业，我们是卖这个产品的，卖招聘。但如果招一个做 HR 实操的人，可能就会看重。来了一个学 IT 的，一个学人资的，我就要学人资的，最起码他看过，耳濡目染了四年，知道自己大概要做什么。其实，不学人力资源资专业的，培养培养，也就会了。

双学位会给简历加分吗？大概会觉得这孩子真爱学习，到我们这也会是一个自学能力很强的人。HR 可能会觉得你在大学能驾驭两块，来公司一个人也能干两个人的活。他在智商和自学能力上会很强，在一段时间内可以把两件事安排好。现在公司都愿意招一个人干好几个人的活，所以还是好的。但现在 HR 相对麻木，不会太惊讶，因为优秀的人太多了，只会觉得还是挺好的，感觉这孩子还行，可以约来见见。

会看重 GPA 成绩吗？不会太看重。我就没问过，甲方公司也没有让我关注过。现在做招聘的 HR 像我这个岁数，很可能根本就不知道考多少算好。那还不如考一下你们的软性素质。公司关注的是实操性，现实的可利用性。比如，应聘外企让你说说英语。但四、六级还是要看的，我没法看到你人的时候还是要一个六级证，来了以后再跟你聊聊天。

证书重要吗？比如计算机二级这些。有些公司会要求，但还是看专业，比如人力资源就不太会要求。总不会让你们去考思科、GRE 什么的。基本的办公软件会用就得了。很多小孩连格式刷都不会用，这可不行。

像我们属于很现实的，我不务虚，我都在看自己能把握住的，驾驭得了的。我学习并没有那么好，我只能把自己其他的优势发挥到极致。我现在的人脉是重中之重。但对于你们来说，学习可能是更适合你们的途径。

像学人力资源的，如果还是想要进企业，与其要一个硕士的证，还不如去大公司犯一点错。做人力资源是有后劲的，有一个小孩在我们这里刚来的时候 2500 元，待了半年跳槽以后拿 9400 元，做培训系统。还有一个小女孩，我前一任，跳到宝马去了。但前提是这些人都是复合型人才，外企非常需要这些人才。我说的第一个小孩是一个美国留学生，英语很过关，还在 FESCO 这么大的企业的这个职位干了半年，他就要了 5500 元。但是大公司不是见人下菜碟的，他们有一个科学的薪酬体系，你这个职位就是 9400 元，多了少了都没有。现在他又要跳到大众，那又要上一个台阶。要把握住，跳好了。人力资源又要进外资，一定要把语言弄好了。

◆ 用简历骗过 HR？

请问：现在有一些简历造假的情况，您怎么看？

有，你说应届毕业生呀。应届毕业生造假有点自欺欺人，班门弄斧了。会造什么假啊？（一般改个学校经历，或者获得奖励什么的。）我觉得挺傻的，从应届毕业生角度来讲，HR 面试基本看几样，主要是软性的，你不用蒙我。你入职时一定会带你的简历原件过来，正规公司很多背备调你的，背调你的老师、同学，三个人。对你的经历我不太 care，除非我需要知道你在学校里驾驭过某一方面工作，我才可能会问你，一聊我就能感觉出来。因为我用你必然是知道要让你干什么，我一问你就知道你是否能驾驭这件事情。我根本不用去背调。

我们又说到硬性素质和软性素质。硬性就是硬件上的，从学校就能看出来。学校好的话，在逻辑思维上，就不会出现太大闪失。如果学校太差，那我通常会认为逻辑思维能力不行，也不用给你个测试题做了。对应届毕业生我们看硬件主要就看学校。比如，人大人力资源管理专业到我们这儿当一个 HR 的小助理，那基本上没什么大问题。软性素质是我主要去考查你的，因为好学校的学生太多了。我得看你的谈吐、心态，从几个侧面问题让你不知不觉地去回答我合不合适。比如，HR 会问你在学校经历过最难忘的事情是什么，比较俗气。或者问你有男朋友吗，通过你对感情亲情的看法考查你。问你家人在哪啊，你会不会回去，你将来怎么对自己父母，你打算找一个什么样的男朋友，什么星座，怎么看这个星座。就像大人测试小孩的时候，小孩完全不知道他在测试你什么，他只会自然地流露。比如，从心理角度，看你对东西的认知，看是否有团队协作能力，看你最在意什么。

我现在就问你，来我们公司最看重我们公司哪一点？如果回答，对 FESCO 不了解，那我觉得你这点就不行，你在家怎么不了解我们官网呢？连我们业务都不清楚，你干吗来的呢？！我们就很容易通过这个测试你。我随便举个回答的例子，说我觉得你们的平台很大，是人力资源的领跑者，我在上学时就有一个外企的梦想，我知道 FESCO 是一个培养外企人的摇篮。我喜欢招聘行业，FESCO 作为第三方公司把信息对称，既给企业找到合适的人才，又帮候选人找到合适的工作，我觉得这是非常有意义的。FESCO 在这方面做得很好。虽然我是一个学生，但我愿意和企业共同成长。我可以从中学到东西，同时也可以展现我在学校学的东西。我认为这种回答就非常好。但现在应届毕业生都愿意把简历弄得特漂亮，照片也漂亮，有丰富的经验。你能有什么丰富经验呢？你的经验我们能借鉴得上吗？我随意问一个问题都能考验你软性的东西。不需要问你直接的，不会问你介意加班吗，你肯定说不介意。说不介意的那些，后来最介意。谁都会说自己愿意加班，可以学习，但来了就不是他了。

我认为像我们猎头收的简历，在真实基础上有一定润色还是必要的，大概在 30%。润色在于每个公司要求的不同岗位有各自侧重点，你把侧重点体现出来，这叫润色。但对于应届毕业生，真实就 OK。当然要写得有条理，因为你们没有一二三的工作经历。其实甲方看的主要是工作经历，如果你没有，就只能看你的学校和潜质，还有我刚才说的软性东西。

采访总结

这一章的主题是简历，但我所采访的这位 HR 更多的还是在向大家传达人岗匹配的概念。我想，李依浓女士作为一位优秀的猎头，左手掌握甲方公司的招聘需求，右手里有着求职者和员工们的能力供给，是最适合来强调和解释这个词的人。

在引言中已提到过，简历是 HR 在有限时间与精力下筛选应聘者的一种手段。一切制定简历的技巧都应当是在真实基础上的润色。企业对做某一方面工作的职员有需求才会去进行招聘，HR 不是傻子，他们对所需的人才有一个轮廓，然后将应聘者与这个轮廓匹配。他们知道要让招来的人去做什么，需要什么能力或特长才可以胜任这些工作。不要试图用过度的伪装和欺骗去获得一个职位，因为它很有可能根本不适合你，即使你留下了它也可能在耽误你。你更应该做的是明确自己的优势并发挥到极致，用这些优势去识别和获得真正适合你的工作。

企业付给我们工资，是需要我们的特长与能力能够为企业所用，并最终为企业创造价值。当然，我们也可以在这个过程中为自己创造价值。“是金子到哪都发光，我还是认可的。”李依浓女士多次说到企业筛选简历会看学历、看学校，说到网络简历量过大、类型过杂，通过网络投简历的成功率变低，说到应届毕业生找工作的途径较狭窄，还说到企业招聘时会漏掉很多合格的人才，这些都使简历相对普通的求职者顺利找到好工作的难度增大。然而，她依旧认为不是无路可走。找到自己的优势，哪怕从底层做起，也能在岗位上努力学习，发挥长处。虽然又说到努力，这里比较俗气，但不就是这么一回事吗？起步已经比别人落后，又想证明自己是金子，总不会等在那里就自动进步吧。企业的工作经历可以为我们带来很多。李依浓女士也讲到过一些人跳槽之后职位和薪水大涨的案例。因为他们在原岗位利用和发挥好了自己的优势，并且在工作过程中进一步的提升，跳的每一步都是稳的。不然，频繁地跳槽只会沦为“一步错步步错”。

简历只有一张纸，却是在用我们多年的经历在书写。针对 HR 对简历重视的部分，结合实际情况提升自己这些方面的能力，相信一定来得及。

第12章　制定个人简历

李　想

被访者：

姜萌，北京全羽明程教育咨询有限公司创始人。曾受邀担任清华大学职业辅导月辅导师、浙江大学特聘职业生涯顾问讲师、高考报考指导师联盟总顾问。受邀在清华大学、北京大学、中国人民大学、北京师范大学、中科院研究生院等数十所高校进行职业生涯规划讲座，受训学员逾万人。出版有多本畅销书：《中国家长怎么办》《思考，从大学开始》《赢在高考报考》《高考报考学》《别让高考报考毁了孩子一生》《考研全程策划》《大学毕业年薪10万》等。作为职业生涯规划专家，姜萌老师多次接受人民日报、新华社等中央级媒体专访。

全羽教育是教育产品研发与整体解决方案提供商。其产品涵盖高考报考与志愿填报服务、职业生涯规划服务、励志教育与学习能力提升等全人教育领域。全羽教育同时向教育行业众多机构提供基于上述产品的整体解决方案，实现从产品优化到销售推广的全方位服务。

姜萌先生对大学生尤其是应届生的职业规划、大学生涯领域十分了解。初次见到姜萌先生，他正在办公室处理日常事务，刚刚出差回来的他身着白色衬衫，没有显出一丝疲惫，反而整个人都神采奕奕，处处显示出干练和利落。在接下来访谈中，他针对应届生在简历写作方面应该注意的问题提出了自己的看法和建议。

引　言

一份好的简历是求职者赢取面试机会的敲门砖，是求职者与 HR 的第一次接触。可以说，简历的通过是“千军万马过大桥”的第一步，也是整个工作寻找过程的基石。败于简历是最让人痛心的一件事，这意味着战争还未真正开始就已经偃旗息鼓；换句话说，简历是战争中打响的第一炮：不鸣则已，一鸣，则须得惊人。

有人说，一张简历就是你大学四年生活最精彩部分的浓缩，是你这四年一路走来的真实写照。没错，小小的一张 A4 纸承载了整个大学生活。透过简历足以使一个人的形象跃然纸上，硬指标诸如成绩、经历、活动执行；软指标诸如领导力、沟通力都能通过简历得到充分体现；大学四年是努力拼搏还是得过且过，一份简历足以说明。此外，简历或多或少还影响着之后的面试阶段，许多面试的问题均是基于简历中的个人经历，可见简历的作用在找工作的过程中贯穿始终。

简历的重要性不言而喻。那么怎么才算是一份好的简历呢？怎样的简历才能够受到HR的青睐？社团活动、实习和成绩哪个重要？二学位和考证是“添砖加瓦”还是“画蛇添足”？简历美化是否可行？细节问题应该注意什么？针对上述问题，笔者通过采访专门负责此领域的 HR，来为众多读者答疑解惑。

◆简历中的个人信息

请问：我们都知道个人信息是简历中不可缺少的一部分，这一看似简单的部分中是不是有什么讲究呢？

一般而言，简历的个人信息包括姓名、年龄、通信地址、照片等。许多求职者在填写简历的时候往往忽略这些细节。

首先是姓名。有些姓名特别别扭，还有些名字中有多音字，这种情况下可以注明拼音。因为如果 HR 念错了你的名字，在你纠正的时候就产生了尴尬的局面。这也说不清楚是你的原因还是他的原因，HR 如果连你名字都不认识，就不想跟你沟通。所以不要给沟通制造任何障碍。

其次是通信地址。通信地址的作用是寄三方协议或东西。另外，就是固定电话和手机号。现在许多同学打手机找不到，不知道干什么呢。所以简历中最好也填写固定电话。固定电话的作用就是有人接听，并且有人转告。HR 哪有时间一天找你一遍？手机不通说明是态度问题，很气人。HR 是个体力活，特别是在求职季的时候，同学们要保持 24 小时电话畅通，要用要求男朋友的标准要求自己。HR 不像男朋友，如果你不接电话的话，就会算了。

另外就是籍贯、年龄、身高、体重。这些信息并没有填写的必要，为什么不写？就是为了回避一些问题。现在有些简历连男女都没写，这是因为有一些企业性别歧视。一般脏活累活不能让女生干，另外一个原因就是女性工作后怀孕的问题，这导致企业下意识地不想招女生。他们不能明着说不招女生，但是看到性别、年龄之类的还是会拒绝。这样把你拒绝了不是说你不优秀，而是 HR 怀疑你到了生育年龄。所以你要做的就是不让他怀疑。直到见了面之后就可以用面试的东西来展示。简历是无法说服别人的，只能是被动挨打，只有在面试的时候可以争取、解释、辩论，所以一般个人信息越少越好，不然你连怎么没通过都不知道。

最后是照片应不应该放的问题。照片是一个有争议的问题。我个人认为，这个情况不能笼统地说。要根据岗位来具体看待：①如果应聘职位和长相有明确关系的时候，单位会要求求职者去贴照片（这时候甚至还会要求提供生活照）。②与长相没有关系的岗位，如果没有要求贴照片的，最好不贴。因为照片是吸引人的因素，但是风险也是很大的。我们的简历不是展示我们多优秀，而是争取见面的机会，但是贴照片可能带来风险，因为照片不可能跟本人一样。如果照得比本人还难看，会有不被选上的风险，这个时候是为自己减分；如果照得比本人好看，虽然这有利于求职者进入面试，但是HR在面试的时候看到求职者真实的样子，心里不可避免地有小的落差，如果落差很大的话，他还很可能会怀疑求职者的动机。如果就是想要贴照片，那么一定要贴职业照而不是证件照。许多同学不知道证件照和职业照的区别：证件照是类似学校信息采集时的照片，不要在投递简历时用。而职业照是专业照片：一般是男士正装领带，女士正装。还要注意的是拍照的时候要有一定角度，针对这个方面最简单的方式就是去新华网上去观察国家领导人的照片。目前的大学生简历中极少有职业照，绝大部分是证件照，甚至是生活照。最过分的就是生活照了，我曾经见过的一个简历的照片上甚至没有头部。最后要注意的是在简历上放照片的时候尽可能不要打印，因为打印的分辨率低，所以最好是直接在简历上贴照片。

◆ 名校 VS 非名校，本科 VS 研究生，

请问：您认为在简历筛选的过程中学校和学历会起到多大的作用呢？

对于学校和学历的问题，我认为学历影响大于学校影响。原因在于学校的差别主要体现在名校和非名校分差别。并且名校也不是说同学们认为的名校，不一定“985”院校就是所谓的名校。比如西北农林科技大学，它是一所“985”高校，但是 HR 对此并不知道。因为HR对学校的认知是有限的。总的来说，名校和普通学校的区别就在于名校有优势，而普通院校没有优势。另外，还有一些专业的因素，比如一些特色性的专业，例如金融专业，可能东北财经大学毕业的学生就会有一定的优势。再如，某家企业找工程师就不会来人大找，这

类职业就与学校的专业性有关。

而对于本科生和研究生的区别，简历筛选时如果只看重本科学历，这个本身就是一种变态的筛选方式，是挖祖坟的方式。这样的筛选方式主要体现在体制内的企业，一般适用于公务员招聘和一些比较大的国有企业。这些单位不愁生源，因此会制定一些歧视性条件。在这种情况下，来应聘的都是硕士，于是只好歧视本科。这些体制内单位招聘标准比较传统，较为看重声誉和外在东西。举个例子，武汉一个博士应聘高校的老师，因为本科学校不是“211”而未被录取。这个事传播得还很严重。我认为，大学本科的学历是高考的结果，已经无法挽回并且没办法改变。这一类型的学生，如果面对这样问题的话，应该首先考虑不太看重出身的单位，例如外企、民企等，它们更多地强调能力而不是出身。我个人认为在招聘的时候不应该这么做。如果我招聘的话，看能力。

◆ 专业不对口

请问：现在许多大学生在投放简历时都十分担心专业不对口的问题，您怎么看待这个问题？大学生如何弱化自己专业不对口的劣势？

专业不对口是当前许多大学生所面临的问题。大学生求职时首先要明确岗位类型，职业类型主要分为两种，分别是专业型职业和能力型职业。对于专业型的岗位，一般要求是必须学这个专业，那么想要不对口就业也实现不了。比如医生、财务、工程师等，比如人力资源专业的想当医生，就不用考虑对不对口，直接就不会聘用。这不是对不对口的问题，而是会不会的问题。所以，首先明确岗位类型。而对于能力型职业，就要求同学们不是非得学类似专业。例如，销售不一定要学市场营销，市场营销是一种综合性专业，人力资源管理专业也是，不是 100% 对口的；教师、记者、编辑不见得都得对口。在我们公司的统计过程中，我们发现中国大学生就业时一半以上没有专业对口。他们基本上从事能力型职业，对于这种职业，同学们通过个人能力和性格特点，最终从事了这个专业，结果还很好。所以想要跨专业就业的话，一定要去选择能力型的职业而不是专业型的职业。

针对弱化劣势这个问题，首先也还是要分类讨论：如果是非常能力型的岗位，就不会关注专业。人力资源还属于能力型中比较专业的，因为有门槛性的东西（例如人力资源师证书），像编辑之类的职业会写字就能做。在这种情况下，对于如何弱化专业不对口的劣势取决于你在什么时候发现了这个问题和选择。如果高考报完志愿之后就发现错了，也就是一上大学就不想学现在这个专业，那么你要达到跨专业就业的目的就有两种方式：第一种是跨专业考研的方式，第二种就是如果你一定要就业的话，那么大一开始就要进行实习，向想要工作的方向去转。例如，理工科转经济或人力资源就可以考个证，或者大二、大三实习，这样的话大四就业的时候就可以协商。因为对于大部分学生来说，很少有人能够在大学四年期间积累那么多经验，这样让企业看重你的工作经验，对你就会有利。另外，实习也会交给你一些课本上没有的、一些实践性的知识。比如，你作为一个HR去招聘，实际中怎么操作跟书上并不一样，这其中包括招聘的成本怎么控制，像劳动法的很多东西、真的发生纠纷怎么处理等等问题。

许多同学在大学四年没有想法，于是就稀里糊涂地过去了四年，在就业之前进行回避，而实际在就业的时候发现很困难。这种情况下，一种方法就是重新考研。另外一种方法就是只能从事低端职位，通过工作来积累别人实习的经验，这也就应了那句话："出来混总是要还的。"

◆ 学习成绩＆考证热

请问：大学四年许多同学忙于提升自己的学习成绩，您认为学习成绩在简历中起到多大的作用？与此类似的近年出现的"考证热"，您怎么看？

大学期间的成绩，如果在同等条件下肯定加分。虽然学习好并不等于能力强，但是我们为什么愿意要一些学生干部、党员？尤其是我，我很愿意看这个同学过不过六级。你说过六级怎么了？过六级有什么用吗？其实本质上是因为用人单位在同学们经历差不多的情况下更加愿意要吃苦的人，像六级这个事就是一个吃苦的事，没学就是过不了。通过这个事情可以看到同学的学习态度。当然，不是说不过六级的话态度不端正，而是说明不端正的可能性更大。所以，我招聘的时候就是尽量降低风险。并且，像这种学校的标准性东西都达到了的同学往往不偏激，让干啥就干啥，不像犬儒主义者一样批判中国的教育制度，他会见到事情就主动完成，这也是我们单位要求的一种品质。如果来单位上班的话，第一我需要你刻苦，第二作为员工我要求你执行力要强。比如，领导安排了一个工作，你说："这工作怎么回事啊，这个工作应该 blabla……"这是不好的，许多时候领导不喜欢听指挥的话，因为你比我的经验要弱嘛。就像国家一样，国家举办四六级举办了这么多年，四六级需要你来指挥吗？你应该在这个环境中把它完成。过六级的学生一般性格温和，都不是很极端。另外，我还对党员比较喜欢，不是说党员优秀，是因为我们党的工作会议有时很无聊，如果同学们对这种无聊的事情可以接受，说明他们态度端正。单位上班不无聊吗？领导开会不无聊吗？我们在招聘的时候采用这种筛选的方法，发现屡试不爽，出事的概率比较小。如果一个同学说："我不是学不会英语，我就是看不起这个事。我不是不想入党，而是不接受这个制度。"说这些话的时候他就像一个炸弹，我不想惹事。总之，学得好说明态度端正。

与学习成绩相似的一个话题就是所谓的"考证热"。考证就和修双学位一样，有总比没有好。我考了证说明我态度端正、爱学习。但要注意的是，当你考了很多证时，这些证之间要有关联度，同时要与目标职业有一定关系，切忌东考一个证、西考一个证。想好你的职业规划是什么再去考。当然，考许多证也不是说不可以，不过你要能够解释。比如说，我想当一个综合性的管理人员，所以考一个心理证了解下属心理；考一个物流证熟悉公司流程等，只要解释得通就可以。过多的考证说明：第一，你很勤奋；第二，你没头脑。这样的同学通常认为努力大于选择，这是 HR 不愿意看到的。所以不管是双学位还是考证，都要有一个理由。比如上海计算机二级证书可以有落户加分，所以考这个证是合理的。但是如果同学们有这个精力的话，那么选择考研更加合理。因为有这些精力的话应该更多地进行纵向升级。毕竟双学位是横向的，成就只能在一个平面上，而考研是上一个层次，举个例子就是最优秀的小学生也不比初中生好。

◆ 简历中的社团经历

请问：大学生在学校中通常会参加一定的社团，那么社团在简历中是不是发挥了作用呢？我们要不要参加社团呢？

社团是一定要参加的，如果不参加的话，你就只认识你们班几个人嘛。参加社团可以帮助你和不同专业同学接触。比如，经管类专业的同学和理科类接触。理科的同学往往对于伦理和哲学不在乎，对生活中的事物没有情感。那么，这样的话，就应该和不同专业的人多交流。第二层面来说，你跟你宿舍的同学可能同床异梦，也就是说不一定有同样的目标。而且在大学中结成的重要关系往往集中于社团。因为在社团中大家有共同的价值观和理想。当然，选择社团时我们并没有比较喜欢学生会的同学。还有一点关于社团的就是，在社团中你做到了什么程度。再优秀的干事，如果没有组织过活动也相当于没干，你说你是 5 个社团的干事也没用。“由此，我建议是最好在 1~2 个社团中做到大二，做到部长以上再退出来。并且，参加社团要明确职业生涯的缘由。如果参加一个轮滑协会，你也要说明为什么。如果单纯就是喜欢爱好，那么这个对于公司来说没有意义。总之，社团和目标职业之间有一定的关系。比较好的一个例子就是参加一个科技社团在你应聘工程师的时候就有很大帮助。所以说参加社团不要仅仅强调兴趣，还要明白目标职业的需求是什么。

◆ 实习 = 打杂?

请问：许多大学生认为所谓的实习就是“廉价劳动力”，是没有技术含量的。针对这点，您怎么认为？

找实习必然只能干这种很水的活，因为很有门槛的你不会，比如让你做一个报表，你可能就不会；就算你能干，我也不可能把公司的账目交给你做。现在的许多实习生态度不端正。其实在实习工作中只能看出态度，而不能看出能力。你对倒开水、复印、拎包什么态度，就体现了你的心态如何，所以必须要注意调整心态。这些活也体现出了你作为一个实习生怎么把基层工作干好，你如果不好好干的话，你和单位领导都有一肚子气。你要时刻想着从这些小事中你能得到什么。我就拿复印、倒水、拎包三个小细节举个例子。

拿复印来说，仔细去想，你作为一个实习生，不可能了解企业的内部信息和资料，而通过复印材料，你就可以合理合法地看到公司内部信息的流转。比如，通过复印营业执照，求职者就可以看到公司的注册资金，你还能够在复印的过程中看到会议纪要和对外宣传材料，从这些事情上求职者就可以看到企业的发展状况、战略目标等。当然，机密的资料也不会交给你复印。千万记住的是不要闭着眼睛印，只要用心，就知道企业是怎么运转的。“更进一步，你要思考的是，这些复印的东西，如果让你做，你能不能做出来。比如一个公司的人力资源招聘规划，你如果不能做出来的话，就要学习复印的文件，等于说这是个学习的机会。但你没有这个态度的话，就不可能得到什么，因为企业没有时间教一个实习生。

再拿倒水来说。倒水通常出现在内部开会、外来客户来访的情况下，这些情况下谈论都是很重要的话题，参加会议的都是企业内部的管理人员，通过这个也可以认识到企业的高层是谁。还有一个细节的东西就是领导们在这里喝水，你在旁边站着，你怎么就知道水喝完了？人民大会堂的服务人员做到什么程度？他是从领导喝水的角度观察领导的水是否喝完了。如果等领导叫你倒水，那也就完了。倒水就是这么个技巧，你如果自己琢磨就能找到。怎么样恰如其分的倒水是一门需要用心的学问，等到你不倒水那天，你也会一样用心的！！”

最后是拎包。在拎包的过程中你能认识领导，也能让领导认识你。领导背后还有很多人，这样你就有了自己的关系网。如果实习生默默无闻，甚至连给谁拎包都不知道，那你也就完了。你通过思考，通过做基础性的工作跟管理人员建立关系，同时给他留下很好的印象，这就达到了目的。同学们不要奢求高端的工作，将基础的工作做到这个程度就很高端。

◆ 自我评价要写吗？

请问：当公司没有简历模而需要自己设计简历时，许多同学纠结于简历中的自我评价部分是否必要，您怎么认为呢？

在简历上写自我评价的意义不大，除非是自我批评。而写评价你能写什么呢？诚实、勤奋、团结、爱国、自强不息……你只能写这些东西，还能写些什么？脾气暴躁，性格不好？这些肯定不能写，自我评价都写的是过场话，有这些空间不如再写一条社团经历或是实习经历。自我评价也可以写自我批评，但这就有一定的风险。因为简历是广告，如果你写自己的缺点就会导致风险太大，也会说明你脑子不太好使。就像汽车广告一样，它总不会写"请注意所有的汽车都有风险"吧！由此看来，简历应该挑好的说，一份简历的作用就是把自己送到面试官面前；而面试不求出彩，不犯错误就能过，相比之下，简历自我暴露过多就过不了了，所以我的最终建议是不写。

◆ 简历美化 OR 造假

请问：您是否发现过简历造假的行为？许多有关写简历的技巧上提到"简历美化"这件事情，您认为简历美化和简历造假的界限在哪里？

当然发现过。这样的简历一旦被发现，就不过关了。这个造假包括时间上的数据，跟年龄对不上等。只要是造假，就说明这是人品问题。有的时候简历不是造假，而是过分夸大，比如"在我的带领下业绩翻倍。""我独自招募了 300 个员工"……我就会说你是怎么招的？这样的话我不仅怀疑你的诚心问题，更怀疑你就没干过这个事，怀疑你在臆测。因为只有你没干过这件事，你才会估计到底达到了一个什么样的程度。所以针对这个的建议就是，对你没干过的事情千万不要编确切的数字。当你没做过时，描述一个比较虚的；如果你确实干过，就在简历上用准确的数来表达。

简历造假和简历美化的度在于你经不经得起质疑。经不起质疑的东西，拿来一看都不是真的东西。所以如果想美化自己的话，就是要加强你所干过的事。简历可以美化，但前提是经得住反复追问。不要美化一挖就漏的事情。你说我当过财务经理，我会问你，你什么时候当的？你在哪儿当的？你怎么过的？简历要的是最终被录取，而不是最终见 HR 一面，所以说简历作为一个伏笔，你写的任何一句话你都要想好在面试中怎么回答。一个简历中的经历要经得住连续 3 个以上的提问。当然，简历有些时候不用故意美化，因为其实最简单的美化就是不要把糗事往上写。对于你做过的好事，你已经有数据摆在那里了。不说自己不好，这就是一种美化。不要让事情经不起推敲。学会恰当地回避问题。比如说你英语不好，你就要想办法回避这件事，引导 HR 提问到自己优势的方向。因为他的目标不是把人踢出去，而是为企业招到人，如果他想在心里给你加分，就会问你一些比较擅长的东西，一直问到你的回答达到了他心理满意的水平；他要是不想要你，就不会追问你，直接留下联系方式走人就可以。

◆ 简历小 Tips

请问：除了笔者提的以上几个问题之外，姜萌先生还热心地给应届生提供了一些小贴士。

◎ 简历几张纸？

1 张纸就 OK。什么证书、研究报告等，都不要加。简历要么就做一本书，说明你能力强、干活多。比如，你发了 30 篇文章，你就把这 30 篇文章集结成册，把简历附在最前面。所以说要震撼就够震撼，要简洁就够简洁，不要弄得那么两三页；尤其是曲别针不要用，因为如果第一张丢了，那么谁也不知道你是谁。多优秀的人，一张纸也能说明白。像国家主席的简历，其实一张纸也就够了。一张纸的最好的地方就是丢不了。

◎ 目标工作

写目标工作的话，第一个是告诉我你是为我打造的简历，而不是一张简历打天下。就像情书一样，你写情书也要写明姓名，而不是说“亲爱的我的女朋友们”。如果海投简历的话，给我们就是这个感觉。如果你想进入这个单位，就要对这个单位进行充分了解，进行单位的分析和个人的分析，而不是抱着试一试的心态。写工作目标，就是为了说明你在为这个岗位用心。

另外就是不要用学校的 logo。我不知道你是人大的吗？如果非得放的话，就放单位的 logo 而不是人大的 logo。你又不是应聘人大的老师，这些 logo 都是无关信息。你要是海投的话，我就海选。要有一个人为我的公司而来，我就起码最先感动一下，用心就能感动人。能力不行，人不行，还不用心，就完了。就算人行，也要用心，不然就是傲慢。

◎ 教育经历

教育经历要倒着写，好东西往外放。你要是成绩好，就把成绩放上去；要是成绩不好，就不要写。要是成绩有好的有不好的，就挑点说。比如，主课考得好，就写核心课程考了 90 多分；如果课程都很差，就不提这件事了。千万不要写学过什么课程，因为我大概也清楚你们的课程，不要浪费空间。

◎ 实习经历

不实习就是空的，你写啥呀？对大多情况只能写半张纸，所以不是用手在写简历，而是在用 4 年的人生在书写，写一句话，就要干一年活。所以说是在用整个人生在书写。好的写前面，不好的写在后面。实习也不能写太多，不要看作是职业生涯体验，写 2~3 个就可以，还要写关键词、细节、数字，得到了什么结果。关键词要加粗，因为 HR 看简历也迷糊。社团经历也是一样，用数字、细节、关键词说话。

◎ 奖励

好的写前面。强调含金量！这个奖励是谁都能得呢，还是只有几个人呢？比如得了吴玉章奖学金是什么级别？ HR 谁认识吴玉章啊，所以说要写上，比如全校只有一人获得，等等。

◎ 剩下的部分

四六级成绩好的就写，不好的就写“通过”。实在不行了就写自己的兴趣爱好，但是注意的是兴趣爱好必须与岗位有关。比如说“打太极拳”可以说是坚持12 年打太极拳，说明你有毅力、能坚持，而不是说你会太极拳。

采访总结

在采访过程中，笔者按照简历的顺序对姜萌先生进行了提问。从简历最初的个人信息到最后的自我评价，姜萌先生都表达了自己的看法，并热情地给了应届求职者一些建议。笔者在此过程中也获益良多。

总的来说，在简历制定的过程中，首先不要忽略个人信息这样的小细节问题，姓名和手机号码都有可能成为你求职过程中的“绊脚石”，照片的选择则是要视情况而定。其次姜萌先生提出学历影响要大于学校影响，并认为专业不对口的影响并不太大，求职者可以在大学四年中弱化自己专业不对口的劣势；而针对学习成绩和证书这些硬件问题，姜萌先生认为这并不是决定因素，但却是态度的一个重要反映；之后对于实习过程，姜萌先生又通过举例指出实习中可以挖掘的一些“亮点”。最后是对整个简历中没有提及部分的小小补充，这更加反映了简历中的繁多细节。

以上就是在简历制定过程中的基本注意事项，在实际中读者还需要紧密联系自己的实际情况制定专属于自己的优秀简历。相信通过认真地阅读此部分，读者一定可以在制定简历的方面上一层台阶。

第13章　笔试与面试（1）

杨　晨　徐　玥

被访者：

李宁，红星商业人力资源经理，1984年生，河北人。2007年大学本科毕业于河北大学。大学毕业来到北京工作，工作7年，先后在万达、红星集团任职。

红星商业是红星美凯龙集团下面的三大支柱产业之一。红星美凯龙三大支柱分别为红星美凯龙家居、红星地产、红星商业，分别负责家居连锁经营、房地产开发和商业连锁运营。

其中，红星美凯龙家居起步最早，是红星美凯龙集团的发家产业。自1986年就开始运作第一家门店，到现在已经拥有127家连锁经营的门店，分布在全国各地。红星地产从2008年开始，开发综合体项目。而红星商业则负责其中酒店和购物中心的运营。

李宁所担任的人力资源经理职位负责整个招聘工作的统筹和把控，包括人力资源前期的战略规划，招聘计划的制订和执行，招聘预算管理，后期招聘工作的实施，还有各地分公司团队组建情况的跟进等。

引 言

当你穿上正装，擦亮皮鞋，带着自信的微笑来到面试官面前，恭喜你，在披荆斩棘过五关斩六将后，你的求职之路终于来到了入职前的最后一关——笔试和面试。如果说之前的努力和付出，都是你对自己的锤炼，那么笔试和面试则是凤凰涅槃前的最后一场火。胜，则开始新的征途；败，则一切努力都付诸东流，只能重头再来。

你曾经列在简历上引以为傲的学历和证书等“硬件”，在作为敲门砖把你引到了心仪的工作门前之后，便已功德圆满。在笔试与面试环节中，个人的种种特质将会被更大限度显露，隐藏在简历之外的，那些难以描述的能力、性格等软实力将决定你是否能打动面试官。推开面前这最后一扇门，走向你梦想的工作岗位。

那么，你一定想知道，如何表现才能让面试官青眼有加呢？如果在某方面有欠缺，是否有一些方法可以将其进行粉饰，蒙混过关呢？笔者带着同样的困惑，采访了在各自岗位上颇有作为的两位专业 HR，让她们为我们解答。

◆ 笔试的应对技巧

请问：在HR们的眼中，笔试通常都会考查哪些内容？有什么需要注意的呢？

事实上，由于每个公司的文化、架构不同，选聘的岗位特点、要求都不同，笔试的内容自然也差异很大。

一般来说，笔试都会包含专业方面的测试。对于应届生，企业其实并不会用难度很高的试题来为难求职者。尤其当求职者应聘的职位属于行政、管理等文职部门时，企业能考查的无非就是公文写作，也就是与政府、事业单位往来的公文和公司内部发文的情景写作练习。但需要注意的是，公司用公文写作来当笔试试题的目的并非是考查你具体的行文风格，而是你所作公文的格式、篇幅等是否符合要求，文字表达和思路是否明晰，是否准确合理地提出了支撑观点的论据等。另外，当你面对的笔试形式不是机考时，字体的整洁度和清晰度也会影响你最后的分数。

所以说，公文写作能力是一个很好的敲门砖。尤其是对于以后打算从事人力资源或者行政、文案、策划等工作的人而言，练好笔杆子将对你大有裨益。我曾遇到过的一个来应聘行政岗位的求职者，不论是在形象气质、外联能力还是举止言谈上都非常优秀，但是公文测试却使他与这个职位失之交臂。

对于一些专业性较强的岗位，如物业管理、工程管理等，企业则会使用胜任力模型对求职者的知识水平进行考查。因为国家对于房地产开发、物业、工程等有明文规定，从事这些岗位的人需要对这些规定有全方面的了解，甚至需要物业经理上岗资格证、建造师等证明。所以这些死记硬背的东西，有很大概率出现在笔试中。

除了对专业知识的考查，笔试中还常常包括一些对面试者本身特质的调查。而事实上，众公司对人格测试等较为流行的量表的态度可谓是见仁见智，与企业内部、人力资源团队对这些招聘工具的重视程度相关。像我们红星，就认为这些测量并无必要。做这些更多是某些面试官的偏好，即个人对其有效性的认同。但对于我来说，就会觉得这个东西比较主观。因为每个人的性格是多维度的，他在不同的场合表现出来的都不一样，不能片面评断一个人的性格到底是怎样的。

至于像某些风格古怪的“500 强”笔试题这样的招聘工具，起码在我们企业中的应用不是特别多。因为确实觉得有些东西不太科学。也许有一些互联网企业，确实需要用这个来考验你的逻辑思维能力、推理能力和创造力。但对于我们大多数人来说，这些东西看过，笑过就够了，不用太当真。

◆ 笔试的打分机制

请问：笔试通常是怎样打分的呢？是有一套准确的打分机制然后择优录取，还是只有笼统的好与不好的区分呢？

要回答这个问题，可以用一句话来概括——公司和公司真的不一样。

在私企和外企，这方面的东西，其实还并不成熟和完善。在这个时候，对求职者笔试结果的评价可能就完全依靠面试官的主观判断和求职者本身的综合素质。一个优秀的面试官，首先应当对企业的用人要求、用人标准、用人理念把脉把得非常准。其次，能够熟练地将一些评判技巧和招聘工具有效地应用到人员招募的工作中去。最后，能够通畅、客观地和求职者交流，并从中获取有效信息。具备这些特质的面试官，能够凭借他丰富的经验判断出你是否适合本公司团队。当然，常言道：“每个庙里都有冤死的鬼。”我们不排除仍存在一部分并不那么称职的 HR 经理，若你遇上了，也只能抖擞精神，奔赴下一场奋斗了。

当然，对于那些只有唯一答案的专业测试题，出现在笔试题中的任务一般为考查求职者的基本知识是否过关。如果你应聘的职位为普通职员，那么这部分的笔试题，只要求职者能答到 80 多分，HR 就会认为基本合格。但如果应聘的是高管级别，那么就需要答到 90 分以上。因为如果你对专业技能都不了解，你怎么指导下属去开展工作？

总而言之，笔试的具体内容和打分方式都随公司性质、公司规模、应聘的具体职位的不同而不同。求职者在笔试之前，如果能提前了解公司风格和岗位详情，就会对自己即将应聘的岗位需要考核的关键要素在哪里有一定了解，也就能够更有针对性地对笔试进行准备，这将对笔试的最终结果大有裨益。

◆ 面试的应对技巧

请问：HR 们眼中，在以无领导小组讨论的形式面试时，何种角色的应聘者更受欢迎呢？

无领导小组讨论是近年流行起来的一种测评形式，是一种应用情景模拟的方式的集体面试，一般更多地出现在校招等大型招聘中。

在无领导小组讨论这种面试形式最开始应用的时候，大家都不知道怎么来应对，这时候的小组可能是混乱的，但却能够让面试官更清楚地看出求职者身上不同的特质和亮点，从而因人而异地分配到不同的岗位上，因为每个岗位的素质要求是不一样的。但现在随着这种形式慢慢流行，各类媒体上也开始充斥着各类“技巧”，很多人都会有一些准备。有些人会表现得比较踊跃，以自我举荐的形式在小组里充当一些角色，一些他自以为他能够胜任的角色。但这个时候其实是在冒风险的。如果说个体对自我的评断和面试官的评断是一致的话，那这次自我举荐是成功的；但如果说，个体的表现是因为过度的自信，甚至是自负，那么这次举荐就是失败的。面试官并不评论哪个学生优秀或不优秀，只看中他身上的某些特点适不适合公司对岗位的要求。

对某个固定表现的青睐程度取决于选拔的岗位和该岗位对素质的要求。如果选拔市场推广方向的学生，那就比较看重其在学校、在社会的实践活动和领导能力、组织协调能力、沟通表达能力、逻辑思维能力等等，方方面面都要考查，而其中最重要的是独立担当、勇于开拓的精神。这种情况下就会比较青睐在小组里面表现得比较突出的人，具体表现为当面试官抛出一个话题的时候，能够发表一些个人观点，在小组中扮演一个比较有担当的角色。而在从应届生里选拔、招聘类似总经理助理这种领导助理的职位时，面试官则会要求文笔能力，如公文写作、沟通表达能力，还有就是个人的性格。如果说应聘者非常张扬有个性，那肯定是不适合做总经理助理的。作为总经理助理这个角色，一定是非常内敛，也非常沉稳的，是能做到心中有数，但不会非常凸显个人的工作业绩的，可能这时适度总结的倾听者角色就会更适合。

◆ 仪容仪表问题

请问：HR 们眼中，面试者的仪容仪表在面试中的重要程度如何呢？什么样的形象是比较受青睐的呢？

一般而言，那些较为正规、规模也比较大的企业，对员工的整体素质要求是非常高的，不仅是个人的专业业务能力，也要看个人整体的综合素质。综合素质就是个人的技能、性格还有表现出来的一些仪容仪表，将这些综合起来进行打分。其中，仪容仪表是给人的第一印象的关键。也许有些企业不太注重，但是注重这个的候选人，一定是在面试第一关就取得成功的。

我在对外经贸做校招时，可能是由于对外经贸对学生的就业指导非常好，当时所有的学生，不论男生女生，一律是着正装来面试的。你能想象吗？在学校校园里的校招，大家都穿成这样，如此重视。由此，今年的校招仍计划放在对外经贸进行。与之形成鲜明对比的是，在当年同样进行校招的另一北京高校，那边的学生穿出来的衣服是奇形怪状的，有的可能是自己搭配的，觉得很时尚；有的就很随意，也没重视这场招聘会。这让我感觉落差很大，所以待了一个小时的时间后，自己就打包回来了。当时是想要招平面设计的岗位，但是很遗憾，一个人都没有招到。在这里并不是说这里的学生不好，而是这种状况会让我们认为学校培养出来的学生和我们企业的用人理念不太一样。

在面试中，穿着打扮的意义其实已经超越了单纯仪表上的美观，得体的衣着会让 HR 感觉到你对面试机会的重视，从而对你青眼有加。前两天我面试的分公司的一个求职者，穿衣服不太注意，头发也出油，有头皮屑。这样的话，首先我就会觉得，你不珍惜这次面试机会。面试还是一个比较正式的场合，形象应该整洁、大方。

另外，对女生来说，还有很重要的一部分——妆容。不只是在面试中，在我们红星公司的制度里面，公司是要求女员工化淡妆的。因为是做商业的，员工每天接触的一些商户，可能都是和时尚潮流有关的，比如说现下最流行的服饰行业，不管是成熟女装，还是少淑女装，还是国际快时尚品牌、国际名品。所以在和他们打交道的时候，就会比较注意今天的配饰要戴什么样的，弄什么样的发型，穿什么样的衣服去接见对方的客人。比方说 ZARA 这个品牌，大中华区的总裁或者拓展经理、外宾到公司来，这时候的接见一定是比较重视的，衣着一定是非常非常讲究的，不然对方会觉得你不礼貌。

一言以蔽之，“得体而不过分”，足矣。

◆ “江湖传说”的可信程度

请问：我们在很多媒介上都看到过这样的“鸡汤”故事：并不十分出众的 A 君，只是因为在地上捡了一个纸团，在离开时摆了一下椅子，回家后打了一个电话，所交的简历因为纸张比较小而被始终放在简历顶端……故事的结局都是一样的，这些求职者都因为把握住了这些微末的细节，而脱颖而出，拿到 offer。

这是真的吗？这些故事从前看来可能不以为然，可是到了自己找工作的时候，想到这些总是战战兢兢。我们需要多小心？真的这么做了是不是会显得很傻？

在我找工作的时候，也会看这些所谓的职场法则，面试技巧。因此，在我面试他人的过程中，也会注意这个问题。比方说，红星公司是有保洁人员会负责办公环境的清洁和维护的，当然也会给客人端茶倒水。面试结束之后，客人可能会觉得把纸杯带出去是有礼貌的。但是自己作为主人方来说，这时候会说：“没关系，你就把它留在这吧，会有阿姨来收拾。”这时，我的意思就是，你把这个带出去，你也不知道扔在哪，反而会更尴尬。这时候如果他还是坚持把它带走的话，反而会带来一些困扰。所以，这一些细节，大家可能在书本上会看到，但是真的到了面试的时候，作为 HR，我的建议还是，视情况而定。刻意这么做的话，反而会让对方觉得做作，不如表现最自然、最真实的自己。

当然，这么说并不是教大家不拘小节。在礼仪方面，还是有很多地方值得我们注意的。我比较看重坐姿。我曾经面试过一个招商经理，对方之前也是在国内五十强的地产公司任职的，我在此之前也是通过一些朋友关系和他认识的。但是他来面试的时候，姿势是靠着椅背，跷着二郎腿和我谈话。在我看来，这种姿势是对面试官的不尊重。即使你面试的职位比 HR 的职位高（因为红星 HR 经理招聘的职位不分等级），你也要尊重面试官。这种姿态给面试官留下的印象就是，你和我们公司的文化不大融合，因为你有点自高自傲。你对面试官是这样的，你对别人可能也是这样的，那你以后在团队融合方面肯定会存在障碍。这种情况下，HR 首先就觉得你不讲究个人礼仪，不符合公司的规定。所以面试就会不可避免地走向失败。

不过，在面试结束后主动打电话询问结果是可以的，但至于说仅仅凭这个就获得工作机会，实在言过其实。其实，面试结束之后，面试官会给你一些委婉的答复。比如，说："三天之后，有复试安排的话，会给你通知。"这句话言外之意就是，如果三天之内没有答复，那么这个面试可能就没有下一轮了。当然了，有一些比较讲究的企业，即使是没有录用，也会给你一个邮件，告知你面试的结果。确实有的人很优秀，但是和他面试的职位稍微有一些不匹配，然而我们又想储备这个人，我们就会通过这种邮件的形式，和他保持联络。但对有些人呢，这句话的含义是委婉的拒绝。这种情况下，主动打电话来询问，我觉得这其实是给自己争取下一轮面试机会的很好的方式。但是你们要斟酌，面试官在初试结束后和你说的话是什么意思。如果已经被拒绝，即使打电话来询问，通常也不会改变这个结果。

面试官作为一个公司团队组建的首领，对公司的用人理念和用人标准，是非常熟悉和了解的，他在面试一个岗位之前，会熟知这个岗位的职责、任职要求和领导的要求。所以说，他的决策，都是比较中肯的。如果说他觉得这次很遗憾，不能录用你，那么机会百分之九十以上是丧失了。如果你非常想争取这次机会的话，你也可以以另外一种方式去询问。比如，可以说："我非常看重公司的平台，也非常看重公司给我的机会。如果能有幸加入贵公司，我也会为公司尽一份薄力。如果这次比较遗憾的话，我想了解一下我哪些地方和公司的职位还不太匹配，也希望从您这得到一些意见和建议，日后我也能够完善自己。”一般的面试官都会给你一些比较中肯的意见。如果像我这样比较心直口快的人，如果你问我，我就觉得我有这个义务去回答你。来自 HR 的意见，虽然不能使你获得这次工作机会，却能使你在未来的求职过程中少走一些弯路。

◆ 面试的考查内容

请问：那么，在面试中，对于个人爱好和对公司了解程度等方面的考查都有哪些？

在面试过程中，面试官或多或少会看重求职者本身对应聘公司文化和基本情况的掌握。每个公司的经营范围、行业性质不一样，所以面试官肯定会问与所聘岗位相关方面的问题。

比方说，如果是来应聘招商助理，HR 就会问：“你喜欢逛街吗？”

“不太喜欢。”

“你喜欢关注品牌吗？”

“也不太喜欢。”

那么很显然，你跟这个职位并不匹配。首先，招商这个职位，肯定是很多女孩子，还有一部分男孩子也非常喜欢。因为它和时尚潮流最相关。前期在品牌拓展的时候，员工肯定要对这些品牌都有些研究，而前提就是员工要喜欢逛街，而不是看哪打折啊、哪人多啊。如果对方对购物中心里面品牌的布局，品牌的发展历史、客流、消费者层次都有一定关注，面试官就会觉得，你是适合这个岗位的。还拿 ZARA 举例，在问到这个品牌的时候，优秀的应聘者应该马上回答，它是西班牙的牌子，是现在国际上著名的快时尚品牌；它有一流的设计，二流的剪裁，三流的价格；跟他同等类别的还有日本的优衣库，瑞典的 H&M，还有美国的 GAP 等等。在 HR 看来，有兴趣，才会做下去。比方说，有一些应聘者，在学校社团里是做外联的或者是文宣的，那他们对活动的组织策划就非常有自己的套路，也很活跃。

上上周，有一个人来我们公司面试前台。虽然我们总部的前台一律要求统招本科以上学历的，甚至还会要求第二外语，但是大家都会觉得前台这个职位是比较初级的。就是这样一份职位，我收到一份简历，她已经工作两三年的时间，在一家小公司任职行政主管。但是她现在过来面试前台，这让我很是疑惑。除此之外，她的其他条件，比如家庭住址、学历、工作履历，方方面面都符合这个岗位的要求。所以我也没放弃这个人，把她邀请过来面试。面试的时候，我就问她一个问题，不管是什么公司，前台这个职位都属于助理级，工资也是最低的。我不知道你做了两年行政主管之后，到这里来面试前台，对薪资方面有没有考虑。她说考虑过。我问，那你的期望是什么？她说月薪能不能 8000 元以上。当时我的疑惑就彻底解开了，她在投简历和答应你的面试邀约之前，其实对这个职位是没有很清晰的概念的。

也许很多人认为，在投放简历时，大而广地选择投递目标能够给自己提供更多的机会，提高“命中率”。但毫无重点地“遍地撒网”，很容易就会出现上文出现的笑话。

HR 对每个人的选拔都会看他的兴趣、爱好和他对日后方向的想法与公司的基本情况、文化是否相符。所以，提前了解公司及岗位的具体情况，再投递简历，便可以不用浪费双方过多的精力。

◆ HR 谈毕业生

请问：那么，对于现在的求职主流——毕业大学生，您有哪些看法呢？

老实讲，你们 90 后真是伤了我的心啊。对于 90 后，我现在有很多的疑问。

大家在招人的时候，诉求都不一样。我现在比较看重的是稳定性，也就是求职的心态。因为好多 90 后的小孩，吃点苦受点累，第二天打包就走了。我想知道，对方找工作是为了什么。有的人会说：“我就是因为你们公司离我家近。”还有的人，会回答：“因为你们公司比较有名气吧。”这样非常随意的回答很多时候会让面试官摸不着你的脉，不知道你想要什么，从而失去和你交流的欲望。但有的人就会说："我很看重公司这个平台，我也很希望和公司一起成长。虽然我目前在一些地方还有不足，但是希望公司能给我这个机会，让我在一两年后完善自己。"如果求职者以这样的姿态来求职的话，面试官就会觉得你对公司这个平台是认可的，对公司的文化是认可的，你的求职意愿是非常强烈的，你对自己的职业规划也有非常明晰的计划，并不是在盲目地找工作。这样的人，才会让公司愿意对他投资，对他进行培训，以期他为公司作出更大的贡献。

继续以刚刚提的那个来面试前台的求职者为例，这段经历让我觉得哭笑不得。她谈到了她之前的面试履历，她去过万达面试，正巧她的面试官我也认识。我就问她，为什么没去万达。她说，她觉得万达这个企业不好。这又是另外一个问题了，在你的面试过程中，我们没有资格谈论哪家企业好、哪家企业不好。因为哪家企业好与不好，它能成功地走到今天，肯定都有一些优势。以你这样的身份，去评断一个目前在国内屈指可数的商业地产龙头老大，说这个企业不好，我觉得你没有这个资格。何况它是我原来的任职单位，我更不愿意让别人去评论它负面的东西。这就又是一个减分项。更加让人啼笑皆非的是，听到我说认为万达还不错，我也曾经在那里任职过后，该求职者竟然又反过来问了我一个问题："万达既然这么好，你为什么还出来，不在那继续工作呢？"这让我感到非常崩溃和无奈。

就这个例子来讲，她的面试是非常非常失败的。首先，你的态度就不对，你没有弄清楚你来应聘的职位和你的诉求是否匹配。其次，你和面试官的交谈过程并不和谐，相当于说你这次面试是无效的。最后，你没有任何理由在任何一个面试官跟前去极端地评判某人、某件事、某个企业。我们可以以自己的观点去阐述企业的优点和劣势，但是你不能去全盘否定谁。

◆ 个人经历分享

请问：您当初有着怎样的求职经历与奋斗道路？能否与我们分享一二？

我 2007 年大学毕业，来到北京，第一份工作是在华贸中心的地产开发商，神华集团旗下的国华置业的前台。之所以能接受这个职位，是因为我个人的择业观点是宁做凤尾，不做鸡头。在大企业里面，一年中所见识的事情和所获得的成长，是你在小企业中三年都不会得到的。

在那儿待了不到半年的时间，每天都对着电脑和书本发呆，到点如果不下班，主管就会赶你走，工作量不饱和，我觉得自己在虚度光阴，于是就在没有找到下一家工作单位的情况下就离职了。一个半月后，万达给了我面试通知。在我看来，之所以有万达这个面试通知，就是因为有在国华的工作经历。这个工作经历比较宝贵，它奠定了你起步的高度。

在万达，同样是前台，但却是总部的前台。当时面试的时候，打电话来的是万达人力资源部的总监，但当时因为不知道对方是什么职位，在几轮交流中我都直呼其名。等到入职的时候才发现，对方竟然是自己的顶头上司。后来对方和我说，也就是他大人不记小人过，不然因为这个，我就进不来了。这也是很重要的，当我们不知道他的职位或者其他称呼的时候，我们应该叫某先生、某女士，而不能直呼其名。

这是初试阶段，然后进入复试阶段。当时一起进复试的有一个中国传媒大学的女生和一个农大的女生。她们两个学校层次、身高、样貌上都比我有优势，又都是英语六级，而我连英语四级都没有考过，当时就很没自信，心态就非常平和了。等待面试的时候，我打量这几个女孩，发现了一些不同的特质：传媒的那个女孩画了一个烟熏妆，头发烫得很蓬松，穿着黑丝和短裙；农大的学生就比较朴素，戴着眼镜。

我是最后一个面试的。在面试过程中，面试官抛出的几个问题都是比较普通的问题，但他抛出最后一个问题的时候，他触动我的泪点了。当时，面试官是万达的副总，他抛出的最后一个问题是："你觉得你是一个孝顺的孩子吗？"我的回答是：我以前不是，但我前一两年，才懂得什么是孝顺。他就问道，你是什么时候开始懂得孝顺的。我那时候就比较激动了，说道，在 2003 年的时候，是我高考那年。那时候是"非典"，保定又是重灾区。我的高中是寄宿学校，高一高二都放假了，只剩下高三在学校里奋战。由于非典，学校不让家长探望和送东西，但学校里又没有什么好吃的，门卫也看得非常紧。所以我妈是在早上五点多，骑着自行车，在学校的栅栏旁边，隔着五米多的路障，把我要的鞋、吃的，从栅栏扔进来。从这个时候起，我懂得了什么叫孝顺。

我觉得，这是我第一个打动面试官的地方。第二就是我当时穿的衣服，巧了，和万达的服装规范是一模一样的。我当时穿着一个白色的针织衫，下面穿着黑色的 A 字短裙。万达最早比较注重物业管理，2007 年那一会儿，万达的老人都是物业出身的，他们的着装要求就是白衬衫、深色套装。所以，当时穿的那身衣服也是加分项。在我看来，是因为这两项，我最终拿到了面试录用的 offer。

入职做了一年多的前台，在全体员工大会上，我成为了唯一让副总裁点名表扬的员工。之后在领导的提拔下，我转入了人力资源部门。从一开始的门外汉到现在的职业经理人，这其中的艰辛无人知晓。一开始我几乎每天都独自加班到深夜两点，一边学习一边操作，但总算没有辜负领导的信任，没有落下任何的工作，完美衔接了前任主管的全部工作。踏实的态度以及出色的能力让我再一步升迁至人力资源经理。随后由于公司领导层的更替，我离开万达来到了红星集团，继续着人力资源经理的工作。

◆ HR 的建议

请问：结合自己的经历，您有什么想对大学在读生和应届毕业生们说的吗？

首先，你的第一份工作，不要太看重职位或者薪资，应该看重平台和在这个平台之后的发展，这才是最关键的。

事实上，应届生我接触得不太多，2010 年在万达做了第一次全国范围的校招。当时走了武汉大学、西安交大、首都经贸大学和福州的一些学校，招聘到岗了 80 多个学生，现在在岗的还有四五十人，稳定性还是比较高的。当时那批学生，我的印象很深，因为亲自在大兴的军营里陪了他们两个月，所以对每个人的性格和个人习惯都比较了解。当时万达的培训计划做得也比较周全，又有军训，又有公共课，还有业务上面的内训课。中途有掉队的，有不适应集体生活的，什么样的学生都有。但是留下来的，现在基本都升职了，基本都是主管层。因为公司花这么多钱和精力来做校招，不是让你们来了就走的；肯定是想把学生招进来，培养好，用好，然后给企业创造价值；同时，也让这些学生在企业获得成长。这是人力资源应该做的。否则铁打的营盘流水的兵，人力资源就太失败了。这批学生现在发展得比较好的，都是吃过苦的，都去项目上筹备过开业，有的在项目还是毛坯的时候就跟着下场子，带商户巡场。这样很辛苦，但是辛苦换来的是公司对你的认可和个人的成就。

对于毕业生，我唯一想说的就是：看好平台，保持好心态，走好自己的路。

对于在校生，我认为，不需要刻意准备什么。如果可以的话，学好语言技能。这个很重要。尤其是英语，还有一些小语种，像韩语、日语，根据自己喜好也可以学。还有计算机操作能力，这都是必须掌握的硬性的敲门砖。如果有时间的话，就把驾照也考了。另外就是多读书，多出去旅行。在什么年纪要做什么事，青春只有一次，在年轻的时候，应该想做什么就做什么。大学光阴真的很短暂，一晃就过了。就像很多人说的，有时间的时候没钱，有钱的时候没时间。我就很后悔大学期间没有多出去走走，而现在完全没有时间，所以也鼓励在校生出去穷游，享受自己的青春。

采访总结

在采访李宁时，我们有幸来到国贸，一睹京城 CBD 的风采，惊羡于其宏伟气势的同时，仿佛也参透了以李宁为代表的北漂一族们的梦想与坚持的动力——这个高速运转、瞬息万变的金融经济中心是那样的具有吸引力，站在大楼之内俯视城市的感觉，恰恰是安逸与舒适的生活中所缺少的激情与拼搏的爽快。满怀青春与梦想的年轻人们，带着他们的决绝，在这座机会最多、艰苦也最多的城市里尽情挥洒他们的激情，用艰苦换来机会，用青春换来成长，用努力换来成功。也许有过通宵不眠，有过蜗居蚁族，有过早晚高峰，但当李宁站在红星的会议室中，自信地用自己拼出的经验和我们这些象牙塔中的学子侃侃而谈时，我们仍可以看到，那份随着时间流逝却仍未消逝的激情与梦想。时光不会带走这样的拼搏者的青春，只会馈赠其更多的经验、知识与成功，作为对其勇气与奋斗的馈赠。

对于尚处于大二的笔者而言，笔试与面试的技巧之谈还为时过早，与这些所谓“成功人士”——而在我们看来更多是“拼搏者”的前辈们的交流，才是最让我们有所感触的。听着真实的奋斗故事，我们不禁幻想起了未来的我们：也许会更加艰难，也许没有那么好的运气，但做好了为梦想不断拼搏的准备，总有一天，我们也可以站在这样令人向往的金融中心，给更多未来的梦想家们以鼓励和希冀。

第14章　笔试与面试（2）

杨　晨　　徐　玥

被访者：

曲海慧，中国银行HR，毕业于劳动人事学院人力资源管理专业。本科毕业后通过层层筛选成功进入中行入职，工作时间4年。

中行的招聘比之李宁所在的红星商业，更多为校园招聘。中行在每年的七八月份会定下第二年的招聘计划，经单位的领导审批后，进行招标。由智联招聘、北森等一些外部的专业测评公司进行公开投标。中行将根据投标结果，从中选出一家，配合中行做下一年校园招聘的具体工作。

招聘形式一般情况下为笔试加面试。笔试一般为进行上机考试，题目类型多样，每年都有变化，根据招聘的具体岗位要求而有所调整。比如说，在招聘柜员这一工作压力较大的一线岗位时，笔试内容就会加入压力测试题，考验应聘者在高压力环境下的反应力和记忆力。按照笔试，按一定比例筛选出一部分求职者进入面试。面试一般以无领导小组讨论与单独面试相结合的形式进行考核。

在中国银行，面试官一般层次都比较高，都是领导（副处长以上）。曲海慧作为HR部门里的员工，现在主要负责的是组织机构，一些部门的组织架构、职能职责之类的部分，而非传统的招聘。尽管如此，她在大型国有企业的任职经历也给了她对公司选人方面较为全面而真实的认识。同时，在本科毕业就得以进入热门企业。作为被面试者，她也给出了一些中肯的建议。

引　言

当你穿上正装，擦亮皮鞋，带着自信的微笑来到面试官面前。恭喜你，在过五关斩六将后，你的求职之路终于来到了入职前的最后一关——面试和笔试。如果说之前的努力和付出都是你对自己的锤炼，那么面试和笔试，则是凤凰涅槃前的最后一场火。胜，则开始新的征途；败，则一切努力都付诸东流，只能重头再来。

你曾经列在简历上引以为傲的学历和证书等“硬件”，在作为敲门砖把你引到了心仪的工作门前。在笔试与面试环节中，个人的种种特质将会被更大限度显露，隐藏在简历之外那些难以描述的能力、性格、交际能力等软实力将决定你是否能打动面试官。

那么，你一定想知道，如何表现才能让面试官中意呢？如果在某方面有欠缺，是否有一些方法可以将其进行粉饰，得以过关呢？笔者带着同样的困惑，让人力资源经理为我们解答。

◆ 面试的技巧

请问：在面试中穿着举止有那些注意事项呢？在无领导小组讨论中，面试官更喜欢哪种类型的表现？在国企招聘时是否看重对公司的文化、架构等的了解？

我先介绍一下中国银行的笔试情况，笔试主要就三个部分：英语、行政能力测试和经济金融知识；没有侧重某一专业，全国都是这个考试题，所有的分行都是一套题，只是不同的分行不同的分数线，题目都是一样的。所以第一轮是不体现专业的，第二轮因为分专业面试，所以会考一些专业知识。

穿衣打扮上肯定就是要穿正装啦，然后头发之类的肯定要弄得干净清爽一点。给人感觉精神面貌比较好，不用非得打扮得多么好看，多么浓妆艳抹，就是干干净净，就是一定要很精神。

举止的话就是大方得体，比较礼貌就好。开始的时候说一下老师好或者面试官好，结束的时候说一下谢谢就完了。也不用表现出刻意地注重这方面，那反而可能会招致对方反感。现在网上的攻略也很多，要是一味地刻意照着攻略上去做，未必能够赢得大家的喜欢。

至于无领导小组讨论里哪种角色更受欢迎，这个倒说不好。其实，像我们这些进来的人里面，有的人当时的表现就是一个倾听者的角色，有的人反而是一种带头人的角色，其实不一样。他主要看的是你在这个无领导小组讨论中的参与程度以及你对达成一致意见的这个贡献程度。未必一定要做最后总结的人或是计时间的人，当然他可能最后会问问你。我们当时的无领导小组讨论之后又安排了单独面试，他可能就会问你觉得自己在无领导小组讨论中表现得好还是不好，分别表现在哪里。他可能会让你总结一下，看看你和面试官的价值观能不能达到一致。其实，这个招人可能主要是招一个和公司价值观比较相似的，这个在心理测试上也有相关的考量和安排。所以他未必说怎样的表现就是对的、怎样的表现就是不对的，他可能更多就是要看他要招聘的这个岗位跟你当时的表现是否符合、匹配，可能这个是比较重要的。所以他找的是一个他想要的人，并不是一个最好、最优秀的人。

对于会不会考公司的文化呢，只能说有的会、有的不会。像我们在笔试的过程中可能会有一些关于公司的历史的题目，可能会涉及一小部分，有一些单位就完全不看重这方面的内容了，这个说不好。不同的单位需求不一样，考查的侧重点也就不一样。

◆ 做真实的自己

请问：如果通过提前查找消息确定公司想要的类型然后去管理自己的形象，对其职业发展的影响是积极的还是消极的？

我不觉得是好事。因为你可以一时伪装，但你不可能到了工作单位一直都伪装，这样反而可能大家认为你前后不一致，可能反而对你的认识产生一种新的偏差。表现出一个真实的自己，是比较好的。

其实，面试这个东西一方面是单位在选择你，一方面也是你在选择单位。如果说你是刻意地表现出这种符合单位的需求的这些特质，即使是迎合了单位的需求被录取了，但你本人是并不适合这个单位的，你对这个单位的选择也是错的。不如就把真实的自己表现出来，选择一个单位喜欢你、你也喜欢的单位。一个需求匹配到一起的找工作过程，可能会比较好。

◆ 性别歧视

请问：性别歧视在现在的招聘市场严重吗？国企对女员工生育政策的高待遇是否会加重其性别歧视？

说实话，说是没有肯定也不太现实。因为女生在工作单位中以后可能有结婚生孩子这些事，但是有多严重，这个不好说，因为不同的单位衡量的程度也不一样，可能跟单位的性质也有关系。有的单位女孩特别多，他就想招点男生，有的如那种精工的企业反而男生特别多，他就想招点女生，这个说不好。但是整体在这个求职过程中，肯定女性还是存在一点劣势的。这个其实不可避免，如果你作为用人单位你也会这样想，女生如果结婚生孩子可能就有一段时间不能上班。确实有一些用人单位不太爱招女生，这个也正常，可以理解。这是一个普遍的现象，并不一定说某个单位就一定会怎样，跟岗位的需求有关，比如就想招男孩或者就想招女孩，其实都有可能。

要说国企的福利政策会加重性别歧视，倒不至于。如果真的想歧视也完全可以不给那么多假期，国家也没有强制规定。我觉得这个跟企业性质关系不大。

◆ 个人经历分享

请问：您当年的求职经历，可以和我们分享一下吗？

其实过程和现在是一样的。那时找工作的同学相对少一些，感觉上压力没有那么大，现在是一年压力比一年大。

面试技巧这种事，其实不同的单位喜欢的类型是不一样的。就像我当时也面试过许多不同的单位，有的就录了，有的就没录。所以，不是说一定要表现出某种技巧就一定会成功。当然，有一些积极的方面，比如在小组讨论中比较积极主动，性格又比较乐观开朗等，肯定是好事。但是不要刻意去表现出所谓的一些在面试中很有用的特质，因为这些 HR 面试官见过的人非常多，没有必要刻意去伪装自己，还是表现出自己真实的一面，这样可能更有助于你。因为在面试过程中他会用许多问题，比如你说你是一个开朗的人，那在接下来的过程中他会用许多问题，去证明你到底是不是一个开朗的人；如果你说了假话，可能后面很多问题都答不对。

所以，我个人的建议就是表达真实自己，不用刻意去伪装。不同的单位喜欢的员工不一样，每个单位有他不一样的风格，他每年招聘的、需要的人也不一样，所以没有必要一定要用一个套路来循规蹈矩，还是表现出自己的专业性和比较良好的性格就没有问题了。如在我的面试经历中，有的单位就会很注重专业问题，在面试中会问很多专业问题；有的单位就问得比较少，可能会更侧重你个人的性格，给你模拟一些场景。可能你在不同的面试中表现出的都是一些不同的品质来，没有一些共性的东西，共性的只有不要过度表达悲观厌世的情绪，更多地表现出自己的积极乐观向上的态度。另外，就是不管面试什么岗位都要表现出对自己专业和面试岗位的一种热爱。

可能当时对专业性东西的表达还是少了一些，但是单位在考查学生的侧重点也是不一样的，当时因为我是本科生，对本科生的专业要求就没有像研究生那么高。后来我了解到跟我一起面试的研究生，问他们的专业问题就多一些，问我就少一些。可能这个也跟你求职时的背景有关系，他会问你看过什么书，写过什么论文，但问我这些就比较少。因为当时我大四的毕业论文主要都在劳动关系方向，当时面试官对这些可能就不是特别感兴趣，问得也就比较少。当时一起面试的有一位是搞绩效的，还和老师一起出过绩效的书，问他绩效的问题就比较多。这个可能就看面试的临场发挥，就不一样，面试官也会抛出许多不同的问题。

◆ HR 的建议

请问：您能给现在的求职者提供一些建议吗？

上学的时候还是多尝试一些东西、多做点事。你不知道在你求职的时候，考官可能刚好就看中了你某一方面的特质，所以在学校期间还是要多做一些事情，不要只是为了找工作而上学。比如说多看一点书，多参加一些社团活动、学术活动，多做做实习，当然成绩好也是很重要的一方面。各个方面其实都可以参与一下，包括去听听其他专业的课程啊。因为你找工作也不一定非要找本专业的工作，可能还有新的兴趣点，去做一些新的东西啊，都可以。我们当时的班上就有一部分同学转去做了销售之类的。所以，多尝试一些事情，在学校的时候也有时间也有机会，多做一些事情可能有助于以后找工作。不要为了找工作而找工作。

其实，我当时没有想直接找工作，是想出国读博士的，当时大三的时候托福和GRE都考了，学术方面也一直很努力。因为申学校的时候顺便也申了点工作吧，后来就申到了这个（中行）挺好的工作，后来就把出国这条路给放弃了。所以说要多尝试，多做一些事情，到最后你选择的路就宽了，你去保研也可以，申工作也可以，出国也可以。其实在大一到大三期间多做一点事情，以后给自己选择的余地就大一点。如果从大一开始就打定主意找工作，可能反而你就不会特别注重自己的考试成绩；更注重实习，你学习的时间就很少，不太注重做学术，未必是好事。

所以说目的性不要太强，提升自己、自我提升是一个非常重要的过程。

采访总结

也许，未来和我们最初设想的并不一样，但不论走上哪条道路，只要用真诚和真心去努力和付出，总会有不负努力的收获。

关于面试，在采访了 HR 之后，给我们最大的感触就是，在阅人无数的 HR 眼中，所谓的技巧其实都是虚言，实力和性格特质才是让你获得理想工作的决定性因素。真诚而真实，比所有技巧都更加动人。

有时候，我们甚至可以不把一次面试的落选看作失败，它不过是在成本最小的时候为你终止了一条错误的职业道路，让你得以尽早开始一段新的征程。

第15章　实习期间注意事项（1）

郭　金

被访者：

郝志坚，中国人民大学88级校友。毕业于中国人民大学劳动人事学院。现为北京新希望投资集团副总裁。为学院优秀校友代表，民营企业家，资深人力资源工作者。

“新希望”集团创业于1982年，其前身是南方希望集团，是刘永言、刘永行、陈育新（刘永美）、刘永好四兄弟创建的大型民营企业——“希望集团”的四个分支之一。在南方希望资产的基础上，刘永好先生组建了“新希望”集团。

新希望集团是中国农业产业化国家级重点龙头企业，中国最大的饲料生产企业，中国最大的农牧企业之一，拥有中国最大的农牧产业集群，是中国农牧业企业的领军者。集团向社会提供不可或缺的农业产业链上下游产品，并以“为耕者谋利、为食者造福”为经营理念，致力于打造世界级的农牧企业。

引　言

走进大学校园，不难发现很多高年级同学，每周除了修读学校的课程之外，都纷纷找机会外出实习。可以说，实习似乎成了大学生活的一部分。对于找到一份好工作来说，实习经历无疑是重要的。这是我们从校园踏入社会的第一步，如果这一步迈得好，相信以后的职场之路也会走得更加坚实、更加从容。面对当今竞争激烈的社会，产生了一种教育孩子的方式，叫作“不要让孩子输在起跑线上”。而对于求职者来说，实习经历无疑就是步入社会的“起跑线”。在本章中，我们将结合所采访的资深 HR 的看法，向您介绍实习期间应注意的事项。

◆ 实习的目的性问题

请问：现在很多大学生把实习和就业挂钩，希望实习的单位就是将来就业的岗位。大学生实习到底是应该以提高能力、积累经验为主要目的，还是直接以就业为目标呢？

其实，大学生选择实习可以不抱有那么强烈的目的性，想着我就要留在这个公司或者我就要自己某些方面的能力得到锻炼。当然，这种想法会让同学们在实习的过程中更有动力，但是理想和现实毕竟是有差距的。很可能在实习的过程中自己的能力根本表现不出来，而只是做一些无关紧要的工作。如果大学生的目的性或表现欲太强，就难免会产生失落的情绪。这使笔者不由得联想到一句话："做最充分的准备，做最坏的打算。"这对于实习同样适用。实习之前我们可能会抱有美好的希望，在每个方面都做足功课，希望自己能在实习者当中脱颖而出。但是在实际的实习过程中，面对理想与现实的差距，甚至面对一些优秀的实习生承担"茶水工"的角色这一状况，也不能盲目悲观，甚至感叹英雄无用武之地。实习生应该时刻保持"空杯心态"，不过分急功近利。在实习的过程中，把领导交代自己的份内工作做好，并且力所能及地帮助大家，相信什么样的工作都可以做得优秀。无论最后能不能留在实习单位，实习生总会有所收获。对于刚刚步入社会的求职者来说，未来的路还长，不应过分急躁，自己的成长和锻炼才是最重要的。

◆ 实习机会的获取问题

请问：求职者可以通过什么途径获得更多更好的实习机会？

要想获得好的实习机会，首先，自己获取信息资源的能力肯定是重要的。对于在校大学生来讲，就需要密切关注学校网站的相关信息，关注校园招聘，也可以在网上投递简历。想必这些大家都有所了解。如果有条件的话，还可以动用一些“关系”，以获得好的实习机会。中国毕竟是一个人情社会，这一点与西方国家不同。微软公司在进入中国市场之前，也曾经表示“中国还未建立一种纯商业的投资环境”。这句话似乎也是对中国这种人情社会的含蓄表达。所以，一些 under-table rules 帮助求职者找到好的实习单位也是屡见不鲜的。当然，对于普通的奋斗者来说，只要你足够优秀并且足够努力，相信一定能靠自己的能力获取信息和资源，得到好的实习岗位，并最终求得满意的工作。

◆ 企业对实习生的要求问题

请问：企业对于实习生的要求或者是定位是怎样的？

其实一般情况下，企业都不会选择直接录用实习生；当然，特别优秀的也会适当考虑。所以，企业并不会对实习生有什么特别的要求或者期望。甚至对于我个人来讲，对于实习生是不抱什么态度的；只是觉得实习生会为企业注入一些新鲜血液，把校园色彩带入有些沉重的工作环境中。除此之外，实习生也会使公司整体变得活跃，形成良好的工作氛围。这些都是实习生带给公司的一些潜在好处。至于专业能力方面，实习生毕竟是刚刚步入社会，缺乏实践经验，相比经验丰富的从业者来说肯定有一些差距。因此，在多数情况下企业是不会对实习生有过高期望的。

◆ 做最出色的实习生

请问：实习期间 HR 最看重大学生的哪些方面？（或者说那些在实习期间脱颖而出的大学生是怎样表现的？）

企业主要看重实习生的以下几个方面。首先，对于公司日常业务的掌握情况，这既考查了实习者的专业知识与技能，同时也可以对实习者的学习能力有所了解。无论在什么样的企业中，员工的学习能力与实践能力都是极为重要的。企业会不会留任一个实习生，一定程度上取决于企业愿不愿意为其支付培养成本。现在许多企业把入职门槛提高到硕士以上，并不是因为硕士生就一定比本科生优秀，而是因为这样可以大大减少企业为培训员工所支付的培养成本。企业花同样的价钱，面临本科生与硕士生的选择，当然会选择具有更多经验的硕士生。这种现象联系我们所谈的实习经历来看，如果实习生在实习期间表现出了极强的学习能力和实践能力，自然会减少企业对入职员工的培养成本，企业当然会选择接受，让其尽快为公司带来利益。

其次，考查实习生如何与周围同事相处也是极为重要的。无论什么类型的企业，都希望自己的员工是真诚善良、乐观豁达的。也希望公司能够形成一种精诚合作，互帮互助的良好工作氛围。所以实习生是否会与人相处更显得尤为重要。有一个这样的例子，在一家大型国有企业中同时招进了两名实习生。其中一名是通过我们之前提到过的“under-table rules”招进（记为实习生甲），十有八九会被聘为正式员工；另一位是通过正常渠道进入的名牌大学本科生。在实习过程中，两人所表现出的能力不相上下。但是有一天，实习生甲因为一件小事与公司员工发生争执，甚至大吵大闹，被主管发现并且上报。最终，实习生甲的家人百般求情也无法挽回，公司最终录用了另一位实习生。由此我们可以看出，实习生的性格的确是公司考量的一个重要方面。而一些极端的性格缺点是公司无论如何都不能接受的，也是实习生不容易掩藏的。对于 90 后的求职者来讲，作为独生子女从小被父母宠爱，很容易形成自私暴躁的性格。但是步入社会就会发现，这些缺点都是要不得的。所谓做事先做人，只有学会如何与他人相处、如何与他人合作，才会在工作中有好的表现。

除此之外，实习生的行为规范、求职心态同样不可忽视。对于命令的执行力、自身对于工作的期望、对于薪资的要求、做人做事的态度、是否勤勉付出等等，这些也都是对于实习生考量的重要方面。如果实习生能把这些方面都做好，自然会在众多的实习者当中脱颖而出。

◆ 实习的意义探讨

请问：实习的经历对于未来步入职场到底有多大帮助？实习生在实习过程中

最重要的是学到些什么呢？

好的实习经历对于将来的求职来说肯定是有用的。在网上随便发一份简历，如果简历上写明求职者曾经在世界五百强企业或者大型国有企业实习并得到肯定，很容易让这份简历脱颖而出。这一点是毋庸置疑的。那么，对于实习生来说，你究竟从这份实习经历中收获到了什么，这似乎是因人而异的。初次步入社会，你可能从中了解了工作的流程，熟悉了公司的环境，体会了一把朝九晚五的生活；也可能从中发现了自己能力上的欠缺与不足，发现书本上的知识与实际的工作并不完全接轨。你可能发现了一个从未认识的自己，发现了自己在工作中所迸发的潜能；也可能对自己或社会感到灰心失望，发现理想和现实之间永远有一道无法逾越的鸿沟。但无论如何，你所经历的一切都是成长，都会化为无形的力量和财富，在今后的生活中发光发亮。这或许才是实习带给我们最为重要的意义。

采访总结

在与郝志坚师兄交谈的过程中，除了获得了一些关于实习的技巧之外，师兄还与我们交流了许多成长经验，在此拿来与大家分享。

首先是关于本科生读研的问题，其实笔者在之前对这一问题也充满疑惑。也许许多大学生在对自己的人生进行规划的时候并没有想到要读研，可是迫于形势的压力，面对激烈的竞争不得不选择继续深造。其实，对于许多专业来讲，四年的本科学习足以把专业知识学好，没必要继续深造，笔者甚至认为有些浪费青春的感觉。那么这一切究竟有没有意义呢？又有多少本科生是抱着对知识的渴求、对学术的热爱而选择继续深造的呢？对于这个问题，郝志坚师兄似乎与笔者有相同的看法。但是这又是不可避免的现实，站在企业的角度，就像我们之前谈到的，企业当然愿意花同样的价格雇到经验更为丰富的研究生而非本科生。当然，这并不意味着研究生就一定比本科生优秀，只是因为降低了企业的培养成本会使企业获得更大的利益。从某种程度来说，其实研究生毕业证只是我们在求职过程中一个更为实用的“敲门砖”，而且就目前的形势来看，这一现状似乎在短时间内无法改变。对此，郝志坚师兄给我们的建议是，对于那些不想读研的同学来说，可以选择毕业之后直接工作，工作几年积累了一定的实践经验之后，再修读在职研究生，一方面可以根据自己在实践中暴露的不足提高自己的专业水平；另一方面也可以扩充知识面，以便自己在以后的工作中向更高层次发展。

除此之外，郝志坚师兄还告诉我们，其实工作远比学习要复杂得多。读书读多了的人，很容易形成路径依赖，觉得任何事情都可以依靠读书来解决，但事实上并非如此。工作中有些事情要靠自己努力才能办成，这是较为容易的事情。但还有一些事情，只有靠搞定别人才能办成，这才是对一个人能力的考验。其实，能力包含很多内容，并不仅是专业素养那么简单。工作中有些人头脑灵活，做事容易变通，会取得更好的工作效率。把事情做成的方法不只有一种，我们要勇敢地去尝试和突破自己，但前提是不触犯自己和公司的原则和底线。灵活和机智本来就是做好工作所需要的。是不断让自己变得强大，变得在任何一种环境中都进退自如，游刃有余。这样，我们要在工作中才能把工作做得出色，成为真正优秀的员工。

回顾自己步入社会以来二十几年的成长经验，师兄告诉我们，在自己的同学当中，那些成长速度最快的，都是在最初就为自己设计好人生规划与目标的，他们一路走来以清晰的目标为动力，以明确的价值观为指引。这样一路走来就会比别人更会选择，也更会舍弃。其实，你的成长永远是一个硬币的两面，在你得到一些东西的时候难免也会失去一些东西，至于怎样选择就看你更看重哪面了。师兄提醒我们，一定要为自己的人生做好规划，即使以后发生一些变化也不会偏离轨道，想清楚自己想要怎样的人生，然后朝着目标去努力，去奋斗，最终总会拥有属于自己的一片蓝天。

第16章　实习期间注意事项（2）

刘立松

被访者：

李亓，凯旋创投（KeyTone Ventures）运营合伙人之一，于2010年加入凯旋创投。本科毕业于中国人民大学劳动人事学院，硕士为清华经管MBA。大学在读期间，活跃于各大社团文艺合唱组织，并在校内校外乃至北京市有出色的表现。

凯旋创投，外商独资企业，于2008年创建，初期管理创业资本为两亿美元。凯旋创投在中国有丰富的行业经验和坚实的高科技产业背景，并且在中国积累了大量的投资经验，参与过众多知名项目的投资。

引　言

大学四年间，我明白了一点，实习不等于打工，而应该是一份真正有意义、有含金量的工作毕竟没有人真正愿意说自己的实习“水”。能获得一份含金量高的实习，不仅能在简历中反映大学生本身的素养，而且对于未来的职业发展寓意深远。实习就是步入社会，赢得工作岗位的起点和跳板。

如果你有一份好的实习，将充分润色你的简历。HR 给出薪资时，一份正式工作的薪酬如果低于实习的薪酬，其实是不合常理的。或者，就总体价值而言，正式工作的回报应该不低于实习。想象一下，如果你有一份世界 50 强企业的实习，这是你和 HR 的一个 Benchmark，那么，HR 就不得不掂量一下你的价值。

当然，在寻找实习的过程中，往往由于信息的不对称和实习生自身的不足，不能将实习与大学生的能力与需求完美地配合起来，不能发挥受益双方的效用，这都是算是非常失败的。在接下来的采访中，我们将就实习的全过程，对 HR 从业者进行采访。

◆ 实习前的准备问题

请问：最近很多同学都在计划找一份实习，大家觉得实习可以帮助自己提前了解工作的感觉，积累经验和阅历。但是对于很多从未实习过的同学来说，他们面临着相当多的困惑和焦虑，不知道自己的能力能不能达到实习的要求，那么您觉得大学生在实习之前应做哪些准备？

我们首先不得不承认这样一个事实，如非公司要选聘毕业生、提前观察以预备录用，用人单位对待实习的学生也不是很认真，甚至不会安排专门的指导老师。对于招实习生，他们通常是出于两个方面的考虑，一是有某项工作急需人手完成，以项目工作为主，急需实习生完成；二是如果不是以选聘人为主，或者是出于介绍人的面子，依靠某种关系，很难拒绝一位实习生。因此，实习对大学生的要求并不高，很少企业会对实习生抱有超预期的期望。在这两种不太理想的情况下，实习生可以凭借自身的交往能力与老员工打交道，在这个过程中逐渐渗入到公司的运营、工作过程中。

回归到大学生的本质上，大学生有一些软技能可以从最初就有意识地自我培养。对于大学期间社会活动非常积极的我来说，社会活动参与的重要性不言而喻。首先，她参加了市内校内的合唱团。这对我基本技能的培养有很大影响：如沟通能力，遇到事情的组织协调能力，你是不是一个 Team player，在团队里的合作相处能力。相应素质越高这样在一个新的地方融入就会更快。当然，任何在学校里学到的东西跟实际操作起来都是有一定的差距的，不见得会有那么契合。但是，这并不是说理论基础不重要。不同的专业，通过学习指导有哪些业务模块，如人力资源管理的考核，这些基础的知识方便你实习时对工作内容的把握和理解。

企业希望大学生工作要用心，来之前对公司情况有所了解，到了之后，要仔细耐心负责，反复反思并反馈。实习过程中，跟同事的打交道，可以向他们请教工作上的事，保持一个好学的精神和态度很重要。所谓实习生的好坏，差别在于你是否认真负责，对自己工作质量的是否严格要求。在这个过程中，从学校（个性表现）到工作环境的转变，对将来对职场的适应非常重要，实习的目的就是将自己职业化。融入社会大文化，成为团体的一员，是非常重要的。

无论对人对事都要谦虚、友好、好学。假如老员工或领导对的事你却不认真听，就没有人有兴趣继续带你，进而使你丧失继续深入发展的良好机会。在纵向沟通上，某领导交代的事情要及时反馈，让上级知道自己的进度；工作陈述时要把事情说清楚，节省别人的时间。对于新一代的实习生来说，尽管讲究个性，但在工作场合需要注意个人的着装，毕竟工作场合是严肃的、有纪律的，这体现了你对工作严谨、认真、负责的态度。

很多大学生认为实习中，公司不会透露公司机密，因此学不到东西。但我想强调，任何一位实习生都可以在实习的岗位中找到价值和意义，只要他们找对想学的方向，不是说“水”。虽然会被公司排斥在外，难以触摸内部机密，但优秀的实习生会凭借自己的沟通能力和学习能力自然而然、或多或少解到一些管理、运营机制（对管理而言）的经验。

对于大部分积极寻求实习的人来说，要注意实习时段的季节性，这对于就业择业会有帮助。在招工季节，公司普遍抱有“先招实习生前来工作一段时期，从中挑出有潜力的就为留任”的想法。抱有这种目的的公司对于大学生就业最为有用。实习的最终目的是惠及互相双方的。

同时注意实习整个事件的完整性。一个礼拜有两三天能前去报到，这样实习还行，当然全天比较好。建议大学生大三大四实习，这样实习周期更长，收获也更大，实习前的基本功也扎实些。你要知道，每周实习两三天对于用人单位来说也是难以接受的，这不仅意味着你的工作意义会降低，也一定程度上贬低了公司对实习生的期许。既然你已经选择一个实习，并想一直做下去，那么就需要在时间上有谨慎的安排。

◆ 实习能有什么收获

请问：目前，有些公司的现状是，实习生过去安排的工作没有实质的内容，

基本上是学不到什么东西。那么，有实习到底有没有收获？收获能有多大？

这取决于学生自己在实习前提前做好准备。首先，你必须有明确的实习目标以及对未来职业发展的考量，这是你需要尽力做到的。当然对于经验不足、定位不准确的人来说多少有些困难。那么你就尽力做到了解公司，与公司或该行业的人聊一聊，方便实习工作。其中，了解公司的主营业务非常重要。

对单位来说，希望实习生对公司有所贡献，没有人期望一个大学生去从事困难的工作。当然，如果他希望在实习生中甄选出正式员工，那么必然会有意识地安排任务，对你进行基本技巧指导。此外，如果实习期间你的贡献不够大，公司则认为不值得在你身上花过多的人力成本。因此，大学生不必抱着紧张压力的态度和情绪去实习，也不要祈求能为公司作多大贡献，所以要尽量去组织中锻炼自己。

大学生在实习期间担任“茶水工”的情况的确有。当然，任何工作都有窍门，新人可以通过茶水工的契机从老员工处获得信任，沟通同事感情。

我记得自己刚进入一家公司，做的是整理资料的琐碎事宜。一天，经理安排我打印好数份文件之后再填写信息，而我把它当作平时的事宜一样，比较轻松地就放过去了。后来，交到老总手里，对方看过之后马上脸就黑了下来，我当时马上就意识到了这件事的重要性，就大胆地询问哪里有不当之处，老总说：“这份文件我们是经过精心的过程才成稿的，最后交由你填一个信息，你的字迹却这么随意潦草，不是浪费了那么多人的心血吗？”我承认了错误并要求重新打印一次，公正严谨得填好信息交了上去。由此可见，作为一名新人，能直截了当地承认自己的错误并且改正，是很重要的。

对于刚刚步入职场的新人来说，端茶倒水、复印、整理文件什么的，其实不妨看作一种历练。更重要的是一种新人与老员工打交道的途径，通过这种方式与公司里的其他员工尽快熟悉起来，不也是一种好的方法吗？而当今的 80、90 后的年轻人，大多心高气傲，放不下面子来从低层的事做起，这相当于是错过自我改善的良机。

采访总结

不要轻视任何一份实习。虽然说实习对于大学生来说有差异和好坏，但我们不能因噎废食，这对与实习生来说未尝不是一种进入社会工作的心态上的成长。从“茶水工”做起，我们能学会和各个部门的人打好交道，这是了解一个公司的基础。从事任何一份工作都不单是完成分内工作而已，在公司这样一个大环境中，完成工作实际上是硬技能与软技能的复合体，我们必须学会在公司中自我成长。

学会谦卑与耐心。90 后的大学生逐步步入社会，但最缺乏的还是一份耐心与谦虚。保守本色固然重要，但是公司本身就是一个 public place，你必须要学会尊重周围工作的同事，并且为他们维持一个良好的工作环境。例如，着装最好不要特立独行，在公司文化的背景下，那样未免与之格格不入。

实习是帮助大学生由量变走向质变的过程，而我们必须要做出选择，做出改变。

第 17 章　实习期间注意事项（3）

刘　畅

被访者：

陈德粮，中国化工集团招聘经理。2007 年 7 月加入中国化工集团人事部（党委组织部）工作，工作内容主要包括招聘、培训、绩效和薪酬等岗位内容，目前主要负责培训和绩效考核。硕士毕业于中国人民大学劳动人事学院，是笔者的直系师兄。

中国化工集团，原化工部直属企业重组基础上新设的国有大型中央企业，于 2004 年 5 月 9 日正式挂牌运营，隶属国务院国资委。中国化工是世界 500 强企业，中国最大的基础化学的制造企业。

引　言

身为在校大学生，我们对将来走上工作岗位、融入社会之后的生活有着不同的向往和憧憬。然而，几乎所有的大学生都要经历一个必要的阶段——实习。当你认真斟酌好简历上的一字一句，在邮箱中按下“Send”键的那一刻，你便踏上了寻找实习的路途。大家带着不同的期待，穿好西装，挺直肩膀，走进面试的考场，用微笑来掩盖内心隐隐的紧张。

有人说：“实习可以帮助我积累经验，提前感受工作之后的氛围。”有人说：“实习可以丰富我的简历，让我日后更容易找到一份满意的工作。”还有人觉得：“通过实习，我能够判断哪些工作领域适合我，确定自己的职业兴趣。”……那么你一定也有疑问，这样的想法成熟吗？怎样在实习中表现才能让自己实现这些期待呢？笔者带着同样的困惑，采访了一位专业负责招聘的HR，让他为我们解答。

◆ 实习前的准备问题

请问：最近很多同学都在计划找一份实习，大家觉得实习可以帮助自己提前了解工作的感觉，积累经验和阅历。但是对于很多从未实习过的同学来说，他们面临着相当多的困惑和焦虑，不知道自己的能力能不能达到实习的要求，那么您觉得大学生在实习之前应做哪些准备？

我觉得实习之前的准备应该分为两个阶段，第一个阶段是找实习单位之前，另一个阶段是找到实习单位之后进入实习岗位之前的阶段。

如果说找实习单位之前要准备什么，我觉得，第一，应该分析自己的职业方向，将来自己想做什么。比如，像我们学人力资源的将来要从事人事工作，但是好多其他学院的同学将来不想从事本专业的工作，比如学哲学的想做金融，那他就要对自己有一个职业方向的判断，自己将来想做什么，这样就可以有一个提前的准备。还可以进行更深入的分析，就是第二点：分析自己的性格特征，或者叫职业性向。比如，学社会保障的将来想从事人力资源，还有大方向上的改变。比如很多学哲学的同学想从事会计，那他应该分析一下自己适不适合。在确定职业方向之后再深入的分析，如果感觉自己喜欢这个职业，自己的性格也适合，比如自己很乐于和别人打交道，善于沟通，就可能干好人力资源工作。当这两点分析清楚之后，应该着手第三点：做相应的专业上的准备。

另一个思路是分析自己希望从事什么性质的单位的工作，从大的角度分有政府、外企、国企、民营企业这四大类（不考虑自主创业）。如果你很想去外企工作，那么外语的准备就是必然；而如果去国企、事业单位，那么外语的要求就相对没有那么高了。另外，就是需要学习一些办公软件，计算机方面的基本操作。虽然说现在基本人人都会用计算机了，但是 Office 用的熟练的人也并不是特别多，尤其是 Excel 在工作中很重要应用也很普遍。除了办公软件的操作，还需要明白打印机、复印机的基本操作，如果没用过打印机或者复印机，你可以去打印店了解一下，这对实习很有帮助。另外的一个基本准备是简历制作和就业网站搜索，比如一些应届生网站如英才网、智联网。还可以动用自己的人脉资源，利用同学、家人、朋友、师兄师姐的人际网络，为自己推荐一些实习单位。

如果已经找到实习单位，在入职之前的准备，我觉得可以有下面几点。首先是心态的准备。从一位大学生变成工作的人，需要心理上的调节或者说是仪式上的调整。实习之后可能没办法像在学校一样自由散漫，不能想几点起床就几点起床；变为一个单位的人，会有一种约束的概念，需要遵守单位的规章制度。其次是到实习单位之前要了解这个单位的基本情况，尤其是对企业文化的了解更为重要一些，这对于文化的融合和尽快适应这个环境是很重要的。再次就是仪容仪表的准备，至少需要稍微打扮一下。看一看单位有没有对正装的要求，如果有，就需要准备一套正装；如果没有，准备一些整洁干净的衣服。看看单位的人都怎样穿着，和大家大致的穿衣风格保持一致。另外就是仪容，需要把头发弄干净，胡子刮干净，包括指甲这些细节上的东西。虽然单位对学生的宽容度很高，但是你毕竟代表着自己的形象，大家的接受程度还是不一样的。最后的准备就是在语言和行为上的准备，可能这也和思想意识有关系。到单位之后应该以什么样的方式去实习？工作态度上应该积极主动地去实习，语言上应保持一种谦虚、低调、谦恭的态度。一个人可能心高气傲，但是实习的时候需要把自己的姿态放低一些，这样别人接受你的程度会更快一点，自己在实习的时候更如鱼得水一些。

◆ 实习的目的

请问：有一部分同学因为周围同学们都在实习，所以感觉自己也应该找一个实习工作。他们可能没有想清楚实习到底是为了什么，如果没有目的地去实习可能会让我们很难获得成就感。那么，您认为大学生实习的目的有哪些呢？

如果实习的方向与理想中的就业单位是挂钩的，实习结束后直接就业，这是比较理想的情况。当然，大多数人做不到这样，这时候我觉得实习的价值或者说目的在于提高能力和积累经验。而更重要的是，我认为实习是一块试金石，可以检验自己的能力，包括专业能力、理论和实践结合的能力、沟通表达能力、分析问题和应变能力。这些都是战术上的问题，对自己有一个判断，自己是否适合这种类型的企业，我觉得这方面的意义大于能力的提升和经验的积累。通常实习都能提高能力，而对自己的一个准确的判断则是更高层次上的。因为很多人在大学选专业的时候可能对这个专业的认识也不是很清晰，将来从事这个行业不知道是否适合。很多人是因为学了一个专业所以从事这个行业，但是却并不适合做这一行业。虽然很多人有很大的热情，但是通过实习的试验发现自己确实不适合，那么就需要及时改变他的职业方向，所以说这种判断的意义要大于能力的提高。

◆ 实习期间的表现

请问：如果我们有幸被录用，那么在实习期间应该怎样表现才能得到上司和同事的肯定呢？

第一个就是态度上一定要积极主动。我之前看过一个类似玩笑的小段子：北大、人大、清华的学生到实习单位的时候，领导布置一个任务，这三位学生都不会干，然后北大清华的同学就说我们不会，人大的学生就说我可以试试。其实，我想说的是可能涉及安排的任务由于你的知识背景等原因你完成不了，这个时候应该怎么办？我觉得这事就要积极主动，你可把任务承接下来，然后去找资源，问同事问同学问老师，这样积极表现自己使得别人对你的认可度会更高一些。而如果你拒绝了领导的任务，而领导并不知道你会做什么，这样就会留下不太好的印象，所以说一定要积极主动。第二方面就是在人际交往上，简单来说就是为人处世。我觉得为人应该保持一种谦恭的心态，以尊重的方式去跟别人打交道，这是很重要的。相应地表现出来的问题是很多学生存在心高气傲的情况，尤其很多博士硕士生。另外，就是眼高手低，一些杂活小活不需要自己去做，认为自己应该是一个干大事、干核心活的人。可事实上实习的时候常常需要做一些琐碎的活，比如别人让你去打开水，你也可能去打了，但是你表现出来的态度和表情很不情愿很不高兴，这样留给别人的印象就不好了。其实，领导并不是不知道你是一个大学生，并不应该去打开水，而更多的是在观察你在为人上的问题，遇到类似的问题你到底是如何去对待的，你处理的方式是怎样的。做事一定要严谨细致，这在国企外企都是通用的。比如名字、标点符号、排版等细节的东西一定要仔细，要保持一种追求完美的心态，对事情要精益求精。也许由于能力原因，可能一个任务并不能完成得很棒，但是要表现出来我做事情的时候是很精致的，领导就会觉得在一定程度上这件任务你已经很尽力了，那么他也会认可你，并不是说做事情一定要达到领导的多高期望。有一个部长要从高校的大学生中招一个秘书，让应聘的学生写了一篇论文，但是那篇论文有很多错别字，所以领导马上就拒绝了这个学生。其实论文的内容很好，这个学生也有很高的能力、很好的思维，但是如果细节都做不好，能力再高也不重要了。所以做事情严谨细致是非常重要的。

◆ 实习对于求职的作用

请问：很多同学会在正式踏入职场前经历很多实习，包括不同性质的单位和不同的岗位，那么您觉得实习在将来求职中能起到什么样的作用呢？

收获会有很多，思想上、能力上、心态上还有人际关系上都有很多帮助。如果从求职角度看，有实习经历是加分的。如果面对两份简历，HR 会更倾向于选择有实习经历的简历。当都有实习经历时，如果这些实习经历里有很好的光环，比如有更大的企业、更高的岗位，做的事情更具体、更充实，这样肯定比一些辅助性岗位好。另外，实习在求职中的作用还有能力的增长和经验的积累，这会在面试当中表现出来。是否有实习经历的人在面试时的表现是完全不一样的，有实习经历的人成熟度更高，阅历的增加使处理事情的方式方法会更优，那么面试的时候被录取的概率就会更大。

◆ 实习的时间

请问：不同的实习有的含金量比较高，有些则不然，那么您觉得实习多长时间比较好？

我觉得实习时间倒是没有太多的要求，在一个月以上比较好，不能太短，三个月是最好。因为一个月更多是面上的，做不到更深入的工作。这里还有一点就是实习针对国企和外企是不一样的。外企对实习岗位有明确的描述，对实习内容有具体的要求，更多的是干专业活，这时做事大于做人。但是国企虽然也设置了岗位，但实际上很多时候是接触不了核心活的，更多的是打打杂，比如一些硕士生去打水，打印跑腿、发邮件打电话等杂活，而不可能接触到工资发放或者考核数据这种核心的任务。国企实习的边界是比较模糊的，更多的是考察做人的方式。有时候在国企实习会考虑留用为正式员工，但是并不会明确地说出来。如果企业预计留用一人作为正式员工，可能两个实习生的能力差不多，更多是看细节上，看个性特征上的不同。国企会判断实习生的为人，这时候做人更重要，严谨细致的人留下来的概率就会更大一些。

◆ 性格因素对实习的影响

请问：实习的过程免不了需要和别人打交道，那您觉得性格对于实习的影响大吗？

内向外向就在性格测试角度来说是有差异的，但是在实践的过程中是可以弥补的。一个人可能本质上很内向，很喜欢宅在家里，但上班后会变得外向，会主动和别人沟通。但是太外向也可能不合适，比如在国企里有一些机密的东西，是不能随便讲的。所以外向和内向并不是一个硬性条件。

采访总结

为实习做好充分的准备，首先我们要分析自己的将来最可能的职业方向、具体的行业领域，从大的角度来讲有政府、外企、国企、民营企业这四大类可供同学们选择。同时，分析自己的性格职业性向，在校期间还要做好相应的专业上的准备。在经历一番辛苦，通过自己出色的表现获得一个不错的实习机会之后，我们要做好心态上的准备，意识到今后的生活可能不再那么自由，自己已经是一名公司职员而非学生了。同时，在到实习单位之前要了解这个单位的基本情况，以帮助自己更快地融入。当然，还不能忘记仪容仪表的准备，擦亮皮鞋去结交新朋友吧！同样重要的是语言和行为上的准备，有时候可能需要把自己的姿态放低一些，这会通过你的语言和行为举止表现出来。

实习时判断自己是否适合这样的工作岗位是最重要的一个目的，可以说，这为将来的长期职业生涯规划打下一个坚实的基础。另外，实习当然可以提高我们的能力，这毋庸置疑。

我们如何表现以让同事喜欢，上司称赞呢？首先态度上要积极主动，其次为人和做事时要真诚、谦逊，以赢得大家的尊重。

最理想的状态是在一个适合自己的岗位，做更具体、更充实的工作，同时坚持 3 个月为好。

苏格拉底说过：“世界上最快乐的事，莫过于为理想而奋斗。”

第18章　签订三方协议

和　美　张　乐　付旭初

被访者：

齐记，毕业于中国人民大学劳动人事学院，现就职于中国人寿养老保险股份有限公司。中国人寿养老保险股份有限公司是由中国人寿保险（集团）公司、中国人寿保险股份有限公司、中国人寿资产管理有限公司共同发起设立，具备劳动和社会保障部批准的企业年金基金受托人和账户管理人资格，从事企业年金管理的专业化养老保险公司。

作为一名优秀的毕业生，齐记在求职时曾有多家国有商业银行可以选择，但她最终选择的却是一个在当时名不见经传的保险集团子公司。工作后，她兢兢业业，上演了一部现实版的杜拉拉升职记。从这点看，她本身的经历就很值得我们学习。

赵佳慧，埃森哲大中华区总监。埃森哲是全球最大的管理咨询、信息技术和业务流程外包的跨国公司。埃森哲通过企业策略、业务流程、信息技术和人员组织的紧密结合，帮助客户实现具有深远意义的变革，提高客户的绩效水平，并以出众的领导能力、成功决心、专业服务和质量承诺在客户中享有盛誉，其客户包括《财富》世界500强企业、各国政府机构以及军队。

引　言

也许大家都只听说过劳动合同，却没怎么听说过三方协议。对于三方协议的存在大多数人都表示很陌生，很多过来人也只是有个模糊的印象。

一些解释认为三方协议是明确毕业生、用人单位、学校三方在毕业生就业工作中权利和义务的书面表现形式，它能解决应届毕业生户籍、档案、保险、公积金等一系列相关问题，且在毕业生到单位报到、用人单位正式接收后自行终止。简单来说，三方协议就是毕业生跟用人单位在签订劳动合同之前做的对于双方都有效力的一个“凭证”。劳动合同一经签订，就业协议的效力即当丧失。若劳动合同与三方协议附件内容矛盾，则以劳动合同为准。

那么究竟什么是三方协议，它又有多重要呢？让我们来看看 HR 眼中的三方协议。

◆ HR 眼中的三方协议以及注意事项

请问：提到三方协定，有的人就像丈二的和尚摸不着头脑，可对于您来说是熟悉至极。您认为学生对于三方应该有怎么样的态度呢？

反正说到三方，就是要慎重。对于学生来讲，这个签约就伴随有违约的概念，可能你签了不止一家企业，但很多学校不太想让学生来来回回地去签啊违约啊，所以这样可能有的学校很严格地只允许学生从我这拿一次三方。所以一定要违约的话可能要在来年。这个，因为有的学生可能当年年底 12 月份就签了来年 3 月份再拿。这种的话如果你要违掉一个企业但他不愿意再等你去签这个三方，所以就等于你丢掉了这个企业。

签三方就是要谨慎，学生对自己要有一个清晰的判断，就是你在就职的时候你可以签的企业是哪几家企业，就比如说哪几家，或者哪几种类型的、哪几种程度的企业。这就是对自己要有一个判断。比如说，我觉得，这样一个中等规模的企业，或者国有性质的，或者外企性质的，或者民营企业性质的，我可能比较适合。我确定了之后，如果这个企业给我 offer，我去签就可以了，而不要说有太多保底的概念。如果你要是有一个保底的概念，可能会违约，你要是违约的话可能耽误你下一步再签。而且在这个违约里面，第二个就是有个违约金的概念。我们也偶尔遇到有些学生最后违约之后就得给我们支付违约金，现在违约金一般是三千了，五千了……可能也有更多的。对于学生来讲，这还是一笔很大的钱。所以在这个事情上，签三方协议还是慎重吧。整体是这样，别的可能没有太多的。

劳动合同与三方协议有何不同？这是两个概念。劳动合同是一定要和劳动者签订的，学生这样的一种身份要求其是要签三方的。三方，就是指过去的单位、学生和企业。因为只有学生拿到毕业证之后，你才真正在劳动力市场上。他签订一个这个协议，旨在将来的学生毕业之后，是可以正常雇用并且可以签订劳动合同的。你学生的身份是没有办法签订劳动合同的，学生只能签实习协议，是不能签劳动合同的。

◆ 关于三方协议的其他问题

请问：假签三方的情况如何处理？

有的人说这个三方协议有时候在高校中有很多都是属于假签的。就是学校为了就业率，让你随便找个企业。据说这个是统计就业率的一个很重要的指标，一些学校在和一些很小的企业在做。不过，我们肯定没有这种情况，也不会去做。

三方其实和户口是没有什么关系的。三方就像我们的意向一样，因为你是一个学生身份，没有办法签订劳动合同，没有办法从劳动合同中开始我们雇用和被雇用的关系，所以三方是一个意向的东西。一般三方都会写等拿到毕业证书后，确实证明你拿到这个硕士学历或者博士学历或者本科学历之后，才开始正式的劳动合同的签订，而这里面都不涉及户口，解决户口不在这里面体现。签了三方之后，才会有一个派遣证，没有这个派遣证，是不能给你转（户口）的。像我们央企，是企业给学生们办，不是自己去办。有的小企业会让学生自己去办，至于这种，我们也不太清楚。像我们都是公司给代为办理，你得提供一些相关材料，但是公司整体去办。说白了，派遣证是派遣到公司去服务。就是说学校把这个学生派遣到公司，而不是我派遣了就给户口了，很多三方签了也是没有户口的。这个没有关系，这跟这个企业是否承诺给你户口有关。

有许多人签了三方之后，发现了一个更好的公司给了他 offer，就跳槽了。然后有的人就问，还用不用要回原先的三方？原则上肯定是要的，因为你的派遣证是要存在你的档案里的。就是在咱们国家现有的条件下，到你退休后，你的履历是要在你的档案中体现的。你的三方特别是派遣证如果是在其他单位，等于你就没有这个派遣证。这个老体制中有个转正定级，你要是没有这个派遣证，转正定级、还有转正定级之后的干部身份都难说了。其实这个我们也不是特别清楚，因为，整个流程我们都是按国家要求办的。至于这个学生是不是又找了个单位工作，那个是拿劳动合同约束的。我认为劳动合同是最大的，毕竟那个是法，三方是过去分配工作延续下的东西。包括这个档案中的派遣证、转正定级表了，其实都是延续下来的。现在是两条线，一个是现在的，一个是老的计划经济管理下的东西。假如你一直在其他企业也没有什么影响。至于养老保险，只要你正常交社保、公积金，退休后也是正常的。如果有一天你从一个新型的企业转到这个所谓的国有企业或者央企来，如果你材料缺失，就看他们企业怎么处理了，这个事是可大可小的。

◆ 关于面试

请问：在面试中，对于面试者的第一印象可能会影响结果吗？

我们一直在克服这件事情。不管是刻板效应，还是光环效应、晕轮效应，我们一直在克服。因为面试的人，怎么说也有上百吧。但是，我觉得还是跟这个面试官本身对这个事情的判断有关。我觉得对于学生来讲，任何一个企业在招人的时候，肯定是吃苦耐劳，就是说这一点，是通用的吧。其实，有些题是比较固定的，比如说结构化的面试吧。或者问同样的专业问题，在这种时候可能是临场发挥或者专业积淀体现作用。但这个不是我想一下就提高了，这个可能跟 IQ 有直接关系的。其实，一旦有这种非结构化或者开放式面试的话，你本身这种学习成长经历所赋予你的，你要让考官看到。当然，对学生来讲，你要有意愿去沉下来学习去积累。其实，最怕看到的是很浮躁，我想这是所有企业都这样的。你想，他用人，大家都愿意用一个很顺手的很愿意工作的员工。所以我觉得其他的，如外在形象的，有没有影响，百分之百会有影响。就是说不管企业怎么要求的，你要着装上给人家一个起码的尊重。比如，面试的时候男孩子干干净净的，该穿西装的穿西装。我觉得不管对于什么，有的时候就是一种做人的态度。你再去一个企业面试的时候，一定要很真诚地面对这个企业。包括企业问你是不是真想来我们公司，我觉得也可以很客观地讲。不用说，有时候明明不是我特别好的选择，但是有很多人会这样讲，你们要是要我，我百分之百来。有的时候就看你碰到什么样的 HR 了，或者什么样的考官了。你要不是碰到个傻考官也不是说傻考官，就是经验不足，一下子就给你识破了，因为互相的认知是有的。你要对自己有个认知，就是未来三五年你要是个什么样的状态，有这样的认知才行。你要面试这家公司就意味着你想进这家公司，你想进这家公司难道你连这家公司名字是什么做什么的都不知道，这行吗？说白了，是你想进一家公司而参加面试，而不是为了应付这个面试而去网上查东西，这里面有内在逻辑概念。因为你为了进一家公司你才去参加面试，因为想进这家公司才去准备面试。这是一个长期概念，不是一个短时概念，不是说为了得到 offer 这个概念就要应付。得到这个 offer 然后选择去哪家公司，当然我不能要求你只选择一家公司，这也是不可能的。你要认准了一些公司，就要很认真地面对这些。

◆ 关于人生规划

请问：我们想听听您关于大学生人生规划的建议。我们更希望从您的角度，结合您自身的经历，谈谈您的看法。

我觉得择业考虑的东西跟你人生规划考虑的东西是不一样的，它俩考虑的范围是不一样的。如果谈人生规划的话，人生规划还不是职业规划，那就更大了，包含着婚姻什么都在里面。其实这跟“三观”是有关系的。比如，有些女孩子就想，我为什么要这么累呢？比如上完人大了，毕业了，找一个好工作或者不太累的工作就可以了。比如，我们公司有个实习生，在我们公司差不多实习了一年，很好，是人大的。我们当时很辛苦，她也很聪明，我们很喜欢她。她那时拿到了我们的 offer，也拿到了中央电视台的 offer，她后来选了中央电视台，我们都很吃惊。她当时想，家里也不缺我这份钱啊，我这么累干什么啊？所以有的东西得想清楚，想清到底你想要的是什么。

对于我来讲，当时我进咨询公司的时候，天天工作，我不知道咨询是个什么东西，只是咨询来我们这儿招聘，发现是很高级的地方，所以等于误打误撞进了这个行业。我非常喜欢这里，因为它是接触各行各业的。当时我做人力资源，做薪酬这方面，做组织架构。你服务的是组织最高级的 CEO，当时你刚刚本科毕业，你是一张白纸，你接触的是在行业里摸爬滚打了几十年的人。跟他们说话，你会发现，完全不一样，你的格局会不一样，像读了一本浓缩的书。

进了这个行业，就发现你接触的是最精华的东西。成就感是我定义人生很重要的东西。你帮企业解决了一个问题，这就是一种成就感。成就感其实是你个人定义，比如说你今天见了很重要的人，你见了 CEO 了，你在一个非常高档的地方开会。一开始表面上的东西是很有成就的，到后来你发现你要对人有所价值，所以后来我不断提升自己，开始改做项目。

我不会是以一个项目的结束，作为整个服务的结束。比如说，我们有时候做项目，项目结束了，但我突然有了一个新的想法。比如，上次做一个地产公司，做完之后，后来有一次我出去旅游的时候，突然发现一个商机，我就立即告诉他们了。其实，这个不是我们业务范围内的，但是顾客就会想，你们公司的服务太好了，真的是很棒的客户体验了。你想，这个东西其实是没有人要求你这么做的，但你发现你这样做了给人带来了更大的价值，你慢慢发现你的成就感就变化了。你要想，什么会让你快乐。我们一些同事，做这些会很纠结，一方面很风光，但又太累了。所以，人生规划不能纠结太久。

就像乔丹虽然命中率可能不到 50%，但他得分是最多的，因为他做的选择多了，他的机会就多了。所以我觉得人生规划不是犹豫，不是纠结，而是可以果断去做。做你不怕做错的决策，后来你发现你做了 50% 对的，做了 50% 错的，那 50% 对的决策会发挥更大的作用。可你一直不做决策，也不行。很多小年轻，就会纠结，进哪个企业好呢？其实每个企业都有自己的好处。他们就总在衡量这些东西，就是衡量什么对你是最重要的。你年轻的时候，你就应该冲。

国企是个大巴车，车开多快你就跑多快，车上发吃的你也有。民企呢，是一帮人骑自行车，你骑得慢你就落下来了，骑得快的有奖，如果你不能跟上，你很痛苦的。外企呢，就介于二者之间吧。所以不能怕做决策，别犹豫太久。我认为决策这事不是不能改的。比如，我有一个朋友，进中金了，中国最大投行。他是做后台的，学法律，收入也很高。两年之后，所有人都降工资，他提了 25% 的工资。很好吧，但他后来收到一个机会，证券协会要开一个新的公司。这个是做前台业务，工资减半，国企，但是一个新的公司。因为你做后台，再做十年，顶多一个后台负责人。但他现在做前台，积累经验，随便一个券商就把他挖走。但工资减半一般人根本受不了。中金是一艘航空母舰，不是大船的问题。所以他领导当时说，我不理解你为什么这么做。相反他们公司另外一个人，跳到了中信，也做投行，跳到中信法律部。他们领导大骂他是叛徒。为什么领导对两个人的判断不一，其实他是看一个人动机。第一个人的动机，我有更大的志向，而第二个只是为了涨工资。所以说人生规划，自己要明白什么是对你最重要的，不要害怕做决策。

采访总结

综上所述，三方必要，但不最重要。每个大学生都会经历求职的过程，而每一个求职的过程又都必须经过签订三方协议的过程。作为一个程序化的一步，它在一定程度上就代表着求职者的选择，所以在签订三方协议的过程中一定要谨慎又谨慎。即便是存在改签的机会，但是付出的不仅仅是一定数额的毁约费，更有可能让其他单位产生负面印象。

此外，签订三方协议仅仅是流程的一步，更重要的是如何培养竞争力，如何在求职的过程展现自己，如何在工作中实现自己的最大价值。不过，话虽然如此，但这并不代表你人生道路上做错了任何一步，就会毁掉整个人生，也不代表你的一点点功绩就能为你整个人生添光增彩。人生路太漫长了，磕磕绊绊算不了什么，重要的，还是看你有没有在整条道路上都有勇往直前的勇气。

小小的三方协定，看不出思想，看不出成绩，看出来的只有认真二字。踏实肯干的人们啊，别被害怕束缚了你的脚步，别让懒惰拴住了你的思想。

富兰克林·罗斯福说：“打败我们的，其实是恐惧本身。”

第 19 章　应届大学生如何适应职业环境

李骏婷

被访者：

李老师，就职于哈尔滨工程大学学生就业指导中心。他已在该大学任职十余年，为无数大学生进行了就业规划和就业指导。他不仅了解当代大学生特点，同时也对现今企业用人的要求了如指掌。

引　言

走出校园，我们都是社会中的新生儿；走出象牙塔，迎接我们的不再是愿意为我们无私付出的老师们，也不再是从来都是以零成本犯错的校园生活。走进职场，如何适应其中或许并不鲜为人知的规则，如何从“无知”变为“精明”，永远都是刚进入社会的大学生永恒的问题。

老师是最了解我们的，他们注视着我们天真地成长，同时也对社会中的职场规则明了于心。刚刚毕业的我们如何才能尽快地适应职场环境，老师与我们分享了他们的建议。

◆ 职场与校园有何不同

请问：我们走进的社会究竟是怎样的社会？

很多大学生并不理解社会环境的复杂之处，也对职场生活和校园生活的具体差别有很多疑问，职场生涯到底与大学生活存在哪些差异呢？根据李先生的职业经验，他提到尽管大学生很清楚目前就业形势很严峻，但对于工作选择等方面仍抱着较为理想的心理状态。他们希望自己从事的工作可以有较高的薪水，管理要规范，成长空间要够大，前景明朗，又希望可以足够稳定。然而，现实中大而全的工作却常常很少，也很难得到。现在大学中，几乎每年都会留下一些优秀的研究生或博士生在校任职。他们最初在学校也如同一些企业一样，从最底层的工作做起，如统计数据，排好学期新的课表或是递送表格等行政工作。这些工作在大学生眼中似乎有些简单而枯燥，和他们理想的工作状态存在较大的差距，但正是这些琐碎的工作才能让新的员工真正熟悉工作的内容。因此，要坚持熟悉工作环境，不要因为理想的差距就轻易放弃。

另外，对于职场环境与大学的差异方面，我提到，在和招入的员工做了一些交谈后，我几乎可以很准确地感知到这些从名校毕业、已经工作 2~3 年的员工身上仍然带有着名校的光环，没能有效地成长为与当前工作环境一体的人才。在这个世界上，不会存在人与职业完全匹配的情况，因此人与职业之间必然会产生两种现象：一种是人的力量足够强大到可以改变环境，而另一种就是人被环境塑造。由于不存在完美的匹配，大学生进入职场就必然要准备好改变。但这种改变也不能完全扭曲人的主观能动性，否则工作将无法带给你满足和快乐。因此，最重要的便是去发现和学习新环境的规则，并努力去适应。在大学里，我们学习的是结构清晰的知识，获得的是抽象、理论性的原则。这些纯粹的理论更多的是将实践中的个性化剔除，最终总结出一个共性的因果逻辑。而在现实应用中需要我们重新重视个性的层面，因为我们将面临的是背景复杂的具体问题，因此要重视社会化的互动学习。

◆ 职场实践出真知

请问：您在学校工作了这么多年，接触了这么多的学生，除了降低心理预期外，我们还能做哪些努力呢？

提到职场中企业的文化与学校的文化存在巨大的不同。在学校我们可以为针尖上可以站几个天使而争论不休，但在一个具体的企业职场环境中，我们看中的是结果。职场中的适应需要在这两种完全不同的文化背景下迅速转换。专注于本职工作，无论是简单、复杂、枯燥或琐碎，这便是大学生适应职场的真理。在学校中我们从实践中总结真理，而进入职场便要将真理回归于实践。另外，李先生还提到大学生急于求成的心态需要克制并改正。初入职场的大学生们在刚参与工作时，往往表现出一种积极、热情的工作状态，希望尽快在工作中脱颖而出，而一旦自己的努力没有在短期内得到回报，则会抱怨单位对人才的不重视，在人才的管理上存在问题。这种心态是不够成熟的，耐心有时往往比努力和机遇更为重要。

另外，同学们进入大学还有一种“围城”的心态。很多大学生表现出对自己目前的工作不满，但当听到其他同学离职时又感到很不理解。这种“围城”心态就是指里面的人想出来，外面的人想进去。人们一直都在向外思考，而没有去反思自己，没有站在企业和单位的角度思考问题。李先生建议大家要真正地去融入和了解公司，并提到可以从以下几个方面着手。首先，了解公司的发展方向，找到自己的准确定位，将自己的目标和公司的方向相融合。另外，要尽快熟悉和创造良好的人际沟通环境，通过其他员工了解组织，这比从材料和枯燥的文字中了解组织要全面而且生动得多。

采访总结

采访过李老师后，我们对于职场和学校的差别都有了更深刻的认识。初入职场的我们必须要清晰地认识到，现在的自己还不是一颗闪闪发亮的珍珠，还不能苛求立即得到别人的认可。想要得到别人的认可就要经过磨砺，从沙子蜕变为珍珠，过程虽然痛苦，但一切都是值得的。在实践中蜕变，我们终可获得珍珠的光环。

第20章　适者生存

魏舒娴

被访者：

刘丹，上海住友通信网络有限公司的一名人力资源经理。工科硕士出身的她，最初从事的是通信产品设备的检查工作，后来她在工作中不断学习，寻找新的发展点，调入了人事部门从事管理工作。根据她自己十几年的工作经历以及作为一名人力资源经理的观察与感悟，刘女士在大学生适应新环境方面提出了一些独到的看法。

引 言

“物竞天择，适者生存。”这是达尔文进化论中对“自然选择学说”的高度概括，也是被当今社会奉为座右铭的一句话，它高度概括了竞争的残酷。在大学校园时代，大学生们多是过着一种潜心象牙塔内的生活。

对于一个刚刚毕业不谙世事的大学生来说，生活的折扇才刚刚展开。稚嫩的扇骨勉强支撑起的扇面，薄如蝉翼，还根本无力在未知的职场卷起一团飓风。“物竞天择，适者生存”，在充满竞争、波诡云谲的职场生涯中，最高明的处世之术不是非黑即白的妥协与争夺，而是游刃有余、独善其身地适应。

◆ 新入职大学生要学会适应环境

请问：根据您的工作经历，您认为大学生找到工作后，所面临的新的工作环境究竟是什么样的？和校园环境比起来有哪些方面的不同呢？

据我了解，对于我们这家企业来说，由于它是日企，整体的工作氛围是比较严谨的，员工之间的人际关系圈远没有国企或者私企复杂，同事之间那种钩心斗角、需要在人际交往上花心思动歪脑筋的现象很少。企业里大部分还是中国人，同事间的人际交往较简单，是一清二白的那种，很少有人情上的拖累。并且，由于我们这家企业主要搞通信技术，工作内容是高度流程化的，分工十分明确。

和校园环境相比，我觉得不仅仅是外企，包括国企、私企等，所有企业的工作环境都是有点“不近人情”的。一些消息，你自己不主动去探听，没人会告诉你；一些工作任务，你不主动，也没人提醒你去做；一些实际工作需要掌握的知识，你不主动去学，没人教你。还有一点，就是在公司的工作环境中，你的工作时间是要严格规定的。比如说，同事之间上班时是同事关系，但下班后，你再以工作上的事去劳烦别人，别人就会觉得很奇怪，认为没必要为你做这些，这一点和你们大学里的各种同学关系肯定是不同的，课上课下都是同学。除了工作环境的变化，工作内容的变化也应该是大学生要去关注适应的。各行各业的工作内容不尽相同，不管怎么说，你要能扛得住各种烦琐零碎的工作。

作为一个新人，首先要从心理上去适应与转变。大学生刚从校园里出来，面对新的工作环境会有期待，也会有恐惧。但是，真正报到入职后，现实的状况与自己心中假想的有了差距，很多同学会觉得受不了，工作积极性会丧失，这种现象还是挺常见的。另一种心理就是，不愿意接受改变，觉得新的工作环境理所应当与学校那种舒服安逸的环境差不多，他就不愿意从那种很舒适的心理环境中走出来，重新面对与了解他现在所处的工作环境。这些都会阻碍大学生职业的发展。

然后就是，在具体的工作参与中，你的主动性必须要强。特别是有些公司给予员工的培训不是很多，所以，不懂就问，这一点十分重要。有些新人由于比较害羞比较腼腆，不是非常善于和别人交流，可能在工作中遇到问题他就会停在那了，或者等着别人来去叫他做。这一点跟在学校是很不一样的。还有一点，自己要主动地去学习，因为现在很多公司为了节约自己的成本，不会像大学那样有老师教你，有同学善意地提醒你，所以很多东西需要自己去学习，去悟。比如说，利用网上各种资源学习，多去和公司的一些老员工进行交流。

还有就是沟通交流的技巧。在人际交流方面，我倒觉得新入职的大学生没有必要刻意地去为了逢迎掌握一些沟通技巧，在意自己的人际关系，将上下级、同事之间的关系处理得滴水不漏，毕竟不是每个人都可以做到八面玲珑，到处都吃得开。而且，企业的工作分工是明确的，每个人的工作都建立在上一级同事工作的基础之上。如果你刻意维持自己良好的人际交往圈，想让每个人都满意，你可能会让自己背负很多无法完成的责任，在心理上也会觉得很疲劳。由于性格内向，不好意思和同事交流，这会阻碍你的进步与成长，但是太过热情也不是什么好事。我刚才说了，外企的人际氛围不同于国企，它是严谨的，也相对自由，然而在人际交往上十分把握尺度，如果太过热情，你反而会给人留下虚伪的印象，会产生许多误会。

由于你是一名新人，在日常的工作中要时刻保持一种低调。如果你个人的表现欲望过于强烈，会导致行为与心态的不自然，会心浮气躁，也会招致大家的反感。你可以多以一种较为谦和的态度询问老员工有关公司的情况，在就餐时多和同事共餐交流，培养感情。但是，在工作上，必须要严谨，不要掺入人情方面的东西。总之，上班工作与下班休闲的时间与尺度要把握好。在此阶段，你应该积极地去接受信息，倾听他人，而不是急切地想展现自我。

◆ 在适应期，大学生应该注意什么？

请问：那大学生在从入职第一天起，在公司的适应期这一阶段，有哪些方面应该注意？

适应期，这一阶段，对公司的项目等还不熟。应该首先学习并遵守公司的一些纪律、相关的制度。对于工作的内容，像我们公司，应届生在刚来的一段时间，基本上是在安排他学习，对公司的项目很认真地去查。有些人，他就觉得有学习时间，他很珍惜，不断地查阅与公司产品项目相关的资料。但是有些职工在入职之后，他就认为将来没有人对他有一个进一步的教导，具体学什么，看多少页，背多少张，自己就看着看着没有兴趣了，在那上网打发时间。这些新人一旦被发现在工作时间做与工作无关的事情，像上网看剧、打游戏、聊天什么的，他们给人的印象会十分不好。特别是被你的上级或是老员工发现，他们就会认为你这个人不靠谱，对你的提拔与关照程度会受到影响。还有，如果多次被发现的话，那这些行为算违反了公司的规章制度。

再有，就是要注意自己作为一名员工的专业形象与商务礼仪，比如说工作时的着装、电话邮件的基本礼节、开会原则，等等。

◆ 新就业大学生的优缺点

请问：新就业的大学生会有什么样的优点和不足呢？

新就业的大学生，他们会比较有干劲，不像一些老人。比如说，公司的一些项目做久了，他就会失去热情与兴趣，不像新人，做一些自己没有做过的事情，比较有干劲。我觉得，这是大学生一个很大的优点。

还有，就是服从性比较强。因为，一些老职员工作久了，用我们话说，就叫“老油条”，比较滑。刚毕业的学生，你安排他去做什么工作，他一般都会认真去做。

不足的地方是，近些年的大学生普遍缺乏实践经验和社会经验，心态不够稳重，心理承受能力比较差，多数没主见；在工作中，往往很多事情不是能力的问题，而是被情绪所困扰。

还有就是，有时候过度自信，自我定位太高，有点自我膨胀；但是，具体的工作任务落实去做时，又忍受不了烦琐事务的处理，就是眼高手低吧。

还有，一些大学生缺乏主动性，不懂也不会去问，总想等着别人来帮，坐享其成，缺乏吃苦的精神。在公司里很少有人会说，哎，你哪里不懂，我来帮你，或者告诉你。你去学什么，就像老师去布置作业一样。不积极主动的话，成长相对较慢。

在招募时，不要把性别看得太重了，主要还是看水平。如果是应届毕业生的话，由于他们本身缺乏工作经验，那就看他们所掌握的一些基础知识。比如说，他是学软件的，那我们就会对他进行与软件相关的基础知识的考核，如果他基础知识比较牢固的话，那业主可能会比较喜欢这样的学生。还有，业主也会倾向于选择沟通能力比较强的毕业生。因为，进入一个公司的话，很多时候都是进行团队合作式的工作，也需要有比较强的沟通能力。

许多大学生刚工作没几个月就离职，可能很大程度上是因为与他自身的期待不符。很多大学生以前没有在公司工作过，而且每个人在入职之前都会想象一下自己将来会处在一个什么样的公司，或者做什么样的工作。而进入公司之后，实际安排他做的工作与他想象的并不相符合，或者说他不适应公司的环境。大概就这两点吧，一个工作环境，一个工作内容。

◆ 未雨绸缪

请问：您觉得在大学生活中，我们可以为今后的工作环境的适应做哪些方面的过渡性准备？

我觉得不管是哪个行业，都会看中你的实习经历，你毕业之后来到公司，相比那些甚少有实习经历的学生来说，你知道公司是怎么运行的，适应起来会更快。那么这样的大学生在入职培训、引导适应方面，会省心很多，这还是本着节约成本的原则吧。

另一方面，如果这个学生找了很多实习来锻炼自己，也说明他没有把寒暑假的时间浪费了，他有一个很积极的态度。不像有些大学生，觉得公司应该和学校差不多，待一段时间不适应，就想走人。特别是像现在的一些更年轻的大学生，他们个性很强，公司的实际状况和他们想象中的不一样，那他渐渐就想离职。但是对公司来说，这在招聘成本上是一块很大的浪费。如果你在公司里干过，有一定的思想准备与心理准备，也会更加稳定一些。

最后，对于通信技术行业本身来说，大学里的专业成绩、考各种证书其实都是没什么用的。特别是对于一些外资企业，外国的领导人对这些不懂，他们自有一套考核体系与评价标准，对我们国家的一些等级，比如计算机的、会计的，进公司的时候一般也会有技术性的面试。另外，有一份英文简历也是很好的。

采访总结

首先，要把握一定的社交技巧，懂得圆融、善巧和变通。如果带着负能量，你就很少有成功的机会。对于领导，尊敬是一方面。很多时候，即使他说话做事不妥，你不能当着大家的面去提议。人与人相处是需要技巧的。有的时候为了实现自己的目标，该忍耐的还是要忍耐的。原则要坚持，但是，什么才叫坚持原则呢？有些事情，它的原则性本身就不是很强的，在这时，就要用技巧来把握这个度。

其次，在大学四年中，我们可以寻找、争取、掌握各种机会、各种资讯去历练自己，为大学生活与职业生涯构建良好的过渡性关系。很多企业在招募大学生的时候，会注重他们的社会实践经历。所以，在大一或大二的寒暑假假期，参加一些社会实践活动，到一些企业进行实习，这一点非常好。虽然做的只是边边角角很零碎的事情，最后毕业时，哪怕你的成绩比别人低一些，但是丰富的实习经历在简历上会是一个很大的亮点，这对自己还是非常有利的。同时，实习的具体工作内容和工作公司，也是企业在招聘中考虑的一个重要因素。

第21章　大学生考公务员制度与建议

刘　智

被访者：

郝玉明，男，汉族。中国人事科学研究院公务员管理研究室助理研究员，博士，致力于公务员管理、薪酬与人力资源管理研究。毕业于中国人民大学劳动人事学院，师从国内著名劳动经济学家、薪酬与人力资源管理专家曾湘泉教授。

主持完成了人力资源与社会保障部部级课题《科学构建公务员竞争性选拔机制研究》、国家公务员局职位司委托课题《我国公务员竞争性选拔机制研究》、国家公务员局考录司委托课题《公务员考录制度试题编写》和北京市海淀区《海淀区中关村科技园区大学毕业生起薪调查》《海淀区科级公务员工作生活平衡与职业发展调查》等课题研究，主编完成《总报酬经济学分析》教材，参与编写了《劳动经济学》教材修订、《公务员职业道德学习读本》以及《民生为本、人才优先》十八大出版物“公务员制度与实践”部分撰写等工作。在《财政研究》《经济学动态》《劳动经济与劳动关系》《北京行政学院学报》《中国劳动关系学院学报》《第一资源》等核心学术期刊发表学术论文多篇。

此外还参与完成了人力资源与社会保障部《公务员职位职责规范研究》《专业技术类公务员分类管理制度研究》《公务员考录公平性研究》《艰苦边远地区基层公务员队伍建设研究》等重大课题研究，中组部《国家人才发展规划实施一周年评估》《党政领导干部胜任力要素框架研究》等重点交办课题研究，国家公务员局《公务员奖励机制研究》《公务员竞争性选拔机制研究》《公务员公开遴选实证研究》《职务职级并行下公务员非领导职务制度研究》《公务员竞争上岗面试工作研究》《公务员竞争上岗测评优化研究》等多个委托课题研究。

引　言

公务员考试录用制度作为一项国家机关干部选拔制度，每年根据中央国家机关和各个省职位空缺和编制情况，面向应届大学毕业生和社会在职人员实行公开招考，择优录用。这既为各级党政机关及时补充和引进了一大批高素质公共管理人才，也成为吸纳大学生就业、谋求大学生个体事业发展的一个重要渠道。自1993年以来，在20多年的公务员考试录用制度发展与完善过程中，考试测评技术不断优化，预防作弊的各种科技手段和监管措施日益完善，“公开、平等、竞争、择优”的理念深入人心，考试录用的公平性程度日益提高，也促使广大大学毕业生对参加公务员考试积极性越来越高。

但对公务员“考试热”如何看待，大学生是否应该参加公务员考试，如何选择报考职位并准备应试，在当前“考公务员热”的形势下还需要“冷思考”，不能随波逐流、盲目跟风。为了促进大学生就业并帮助大学生对公务员考试这一就业渠道加深了解和认识，本章重点对我国当前的公务员考试录用制度及现状加以解析，对大学生报考公务员所关心的问题进行解答，希望对于促进大学毕业生在明确个人职业发展定位基础上，客观、冷静地做出公务员考试的具体选择与决策，发挥一定的指导和参考作用。

◆ 公务员考试制度解析

请问：公务员考试录用制度的一般规定是大学生报考公务员的基本制度依据。您作为这方面的专家，能给我们全面地介绍一下与大学生报考公务员相关的制度吗？

公务员考试录用制度作为公务员制度的核心，与公务员制度同生共长，在干部人事制度改革中占据重要地位。要了解公务员考试录用制度，离不开公务员制度和干部人事制度改革的基本范畴。下面我将从公务员考录的一般制度到大学生考公务员的具体规定，进行阐述和介绍。

第一，我国公务员考录制度建立的背景。国家公务员考录制度是在适应市场经济体制改革和政府机构改革、建立公务员制度的背景下建立的。党的十一届三中全会以来，开始实行改革开放的大政方针，经济、政治以及各项工作秩序得以恢复和健康发展，恢复人事管理工作机构，整顿“以工代干”，加强干部队伍管理，开始试行考试录用制度。1982 年，劳动人事部规定了录用党政机关工作人员引入公开竞争机制，要求实行“公开招收、自愿报名、坚持考试、择优录用”[①]；1987 年，党的十三大明确提出了建立国家公务员制度的要求，指出“当前改革干部人事制度的重点是建立国家公务员制度”[②]；1988 年年初，中组部、劳动人事部下发了通知，要求在政法、税务、工商行政部门和银行保险系统中通过全国统一考试方式从非干部身份人员中录用干部[③]；1989 年 1 月，中组部、人事部将考试录用正式列为国家行政机关补充干部必不可少的程序，这也是首次对采取考

① 《吸收录用干部问题的若干规定》劳人干［1982］147 号。

② 《沿着有中国特色的社会主义道路前进——在中国共产党第十三次全国代表大会上的报告》中“关于政治体制改革”中“干部人事制度改革”部分，1987 年 10 月 25 日 .

③ 《关于政法、税务、工商行政部门和银行保险系统招收干部实行统一考试的通知》（劳人干［1988］12 号）。

试办法补充政府机关工作人员作出规定①。

社会主义市场经济和民主政治的发展，要求遵循公平竞争的基本原则，要求在干部人事制度改革中体现公平竞争理念，给予公民平等参与、竞争择优的发展机会，从而使优秀人才脱颖而出，“人尽其才、物尽其用”，激发干部人事制度的活力。为了建立一支与市场经济体制发展要求相适应的干部队伍，经过多年的研究探索，开始实施国家机关干部的考试录用，建立了国家公务员制度，对公务员考试录用进行了规定。

第二，公务员考录制度的建立与发展过程。公务员考试录用制度，从 1989 年开始探索实行考试以来，经过 1993 年《国家公务员暂行条例》颁布而制度化，经过 2006 年《中华人民共和国公务员法》施行而立法强化。以公务员制度建立的这两大基本法律法规的颁布为时间节点，公务员考录制度可以分为建立与发展两个阶段。

第一阶段：公务员考录制度建立（1993—2005 年）

公务员考试录用制度正式建立于 1993 年，以《国家公务员暂行条例》颁布为主要标志。《国家公务员暂行条例》的颁布标志着国家公务员制度的建立，其中极为重要的组成部分就是公务员考试录用制度。在此基础上，人事部 1994 年 6 月规定：各级国家行政机关补充主任科员以下非领导职务公务员，必须坚持公开、平等、竞争、择优原则，采取公开考试、严格考核、择优录用。② 同时，举行了首次全国性公务员录用考试。

这一阶段，公务员考试录用制度初步建立，“用卷子替代条子”，克服了传统干部选拔机制的弊端，展现了考试录用公务员的制度生机与活力。在制度建设方面，人事部制定了有关考试录用笔试管理、违纪处理、体检办法、面试考官管理等规定，对考试录用公务员进行了规范化。但在实施范围上，考试录用公务员制度仅适用于各级政府行政机关，人大机关、政协机关以及党的机关等其他机关

① 《关于国家行政机关补充工作人员实行考试办法的通知》（人录发［1989］1 号）。

② 《国家公务员录用暂行规定》（人录发［1994］1 号）。

作为参照公务员制度管理单位，考试录用制度也参照实施。

第二阶段：公务员考录制度发展（2006年至今）

公务员考录制度发展完善始于2006年，以《中华人民共和国公务员法》施行为主要标志。公务员法将各级政府机关、党的机关、人大机关、政协机关、法院、检察院以及各民主党派和工商联机关统一纳入公务员管理范围，相应地，七类机关的录用主任科员以下非领导职务公务员均需实行考试录用制度。

中央组织部、人事部于2007年11月印发了《公务员录用规定（试行）》，对考试录用公务员的管理机构、计划与公告、报名与资格审查、考试、考察与体检、公示与审批备案、纪律监督等进行了具体规定，成为现行的公务员考试录用公务员的基本依据。其中，明确规定了“录用公务员，坚持公开、平等、竞争、择优的原则，按照德才兼备的标准，采取考试与考察相结合的方法进行”。其中，还规定了民族自治地方的少数民族考生予以适当照顾，并授权省级以上公务员主管部门确定照顾实施办法。

这一时期，对公务员考试录用制度不断发展，考试录用的公平性程度日益提高。针对考试录用中出现的各种问题，公务员管理各级主管部门不断健全相关制度法规，规范考试录用笔试、面试、体检、考察等程序，提高考试测评技术，优化考官队伍结构及素质，加强考试录用的监督与违纪处罚，使公务员考试与录用环节的公平性得以强化，有效保障了考生的平等参与、公平竞争权力，在公务员考试录用的起点、过程和结果等各个环节彰显公平。

此外，关于大学毕业生报考公务员的具体规定。关于公务员考录的制度规定基本上都是适用于全部考生的普适性规定，并没有专门对大学毕业生考录公务员做出专门规定。但就一般性规定而言，对于大学应届毕业生报考公务员，仍然有一些值得注意和需要了解的相关基本规定。具体包括以下几个方面：

（一）关于年龄的规定

《公务员法》对公务员的条件规定了下限，即要成为公务员应具备年满18周岁的基本条件，并没有上限的规定。但在中央组织部、人社部2007年颁发的《公务员录用规定（试行）》中，则对报考公务员的资格条件中的年龄规定了上限为 35 周岁以下，同时做出了补充规定“经省级以上公务员主管部门批准，可以适当调整”。这就对公务员报考年龄做出了一般性规定，没有特殊情况，超过 35 的毕业生是不能报考公务员的。

（二）关于性别的规定

《公务员法》和《公务员录用规定（试行）》都没有关于性别的规定，而劳动法则有关于禁止性别歧视的规定。但是在公务员招考录用实践中，在一些部门的一些岗位，会在“备注”一栏注明“适合男性”或“男性优先”或者“工作条件艰苦、经常出差”等，这种备注或说明，并非属于明确的违背劳动法的歧视性规定。这些要求往往出于招考职位的工作实际需要而提出的，虽然不是强制性或有法律依据的“硬性”要求，但对于报考的考生而言，却需要加以注意，若不符合要求，则在报名时应尽力避开。

（三）关于学历的规定

《公务员法》对当公务员应具备的条件做出了原则性规定，即“具有符合职位要求的文化程度和工作能力”，并没有具体要求须具备什么学历水平；但在《公务员录用规定（试行）》中，则规定了“具有大专以上文化程度”。虽然在附加条款中补充规定了“经过省级以上公务员主管部门批准，可以适当调整”，但这是为了缓解一些艰苦边远地区由于环境条件艰苦、教育水平相对落后而存在的“招人难”问题，而做出的额外规定。

对于一般性的公务员考试录用，原则上是要达到大专以上的学历要求的。而另有一些职位，则明确提出了“本科以上”或“研究生以上”的学历要求，这种要求往往出于职位或完成职位的能力需要而提出的，需要具体视职位的报考资格条件而定，但凡经过公务员主管部门审核公布的招考职位要求，报考者须遵照要求。而且，对于学历的认定，通常是以教育部门承认的全日制普通教育的学历为准。

（四）关于基层工作经验的规定

《公务员法》和《公务员考录规定（试行）》中没有参加公务员考试要具有基层工作经验的要求，但在中组部、人社部《关于注重从基层和生产一线选拔党政领导机关干部的意见》（中组发［2009］2 号）则明确提出了相关要求：“省级以上党政机关录用公务员，除部分特殊职位外，要逐步做到基本上录用两年以上基层工作经历的人员。有条件的市（地）级机关也要比照执行。”近年来，很多应届毕业生在选择报考公务员的职位时，发现中央国家机关和北京市等省一级机关中可供选择的报考职位越来越少，并感到困惑，缘由在此。在“鼓励优秀人才到基层和生产一线去、党政领导机关干部从基层和生产一线来”并形成人才培养选拔链的用人导向下，大学毕业生报考公务员须顺应形势，做出到先到地市以下机关、企事业单位、科研院所等非领导机关工作的选择，甚至要做出勇于担当大学生村官的选择，待积累了一定的基层工作经验后，再逐级向上报考省一级或中央国家机关公务员考试，或者通过公开选拔、公开遴选或者调任、聘任等途径谋求更好的发展。

以上关于年龄、性别、学历以及基层工作经验的要求对于大学生考公务员属于更为常见的问题，因此单独进行介绍。其他有关公务员考录的一般规定，对于大学毕业生而言都是具有普遍约束力的，这里不一一列举。

◆ 公务员考试现状

请问：除了公务员考录的基本规定之外，目前公务员考试录用的基本状况也是影响大学生选择报考公务员的重要依据，您能给我们分析一下当前公务员报考的现状和现象背后可能存在的原因吗？

首先，就公务员报考的情况来说，公务员考试依然受到求职者们的热捧。

据中公教育统计，自 2003 年以来，公务员报考人数逐年增长（具体数据参见下表）。近年来，中央国家机关对招考公务员做出了限制基层工作经验等具体要求，对于应届大学毕业生报考构成较大制约，但总体报考人数仍然呈现增长趋势，公务员考试竞争日益激励，公务员“考试热”热度不减。

2003—2013 年公务员报考人数统计

年份	招考职位	招录人数	审核通过	参考人数	最终比例
2013	12 927	20 879	138.3 万	111.7 万	53 ∶ 1
2012	10 486	17 941	130 万	96 万	53 ∶ 1

续表

年份	招考职位	招录人数	审核通过	参考人数	最终比例
2011	9 763	15 290	141.5 万	90.2 万	59 ：1
2010	9 275	15 526	144.3 万	92.7 万	59 ：1
2009	7 556	13 566	105.2 万	77.5 万	58 ：1
2008	6 691	13 787	80 万	64 万	46 ：1
2007	6 361	12 724	74 万	53.5 万	42 ：1
2006	6 053	10 282	54 万	50 万	48.6 ：1
2005	5 456	8 271	31 万	29 万	35 ：1
2004	4 036	7 572	18.2 万	12 万	15 ：1
2003	5 400	5 475	12.5 万	87 609	16 ：1

从 2013 年报考竞争最为激烈的前 10 个职位来看，均达到了几千人竞争一个职位的白热化局面，最高竞争比例高达 8 709 : 1。详见中公教育统计数据(见下表)。

截至 2013 年 10 月 24 日 16：00 国家公务员竞争最激烈的 10 大职位统计表

序号	部门名称	用人司局	职位名称	职位代码	计划人数	竞争比例
1	国家统计局重庆调查总队	国家统计局重庆调查总队	国家统计局合川调查队业务科室科员	1003722007	1	8709 ：1
2	国家统计局重庆调查总队	国家统计局重庆调查总队	国家统计局南川调查队业务科室科员 2	1003722006	1	8665 ：1
3	铁道部	政策法规司	政策研究处综合管理主任科员及以下	0401002002	1	4347 ：1
4	国家民族事务委员会	国家民委民族理论政策研究室	研究二处主任科员及以下	0801001002	2	3732.5 ：1
5	国家民族事务委员会	国家民委民族理论政策研究室	研究一处主任科员及以下	0801001001	3	3719 ：1
6	中华人民共和国广东海事局	佛山海事局	科员	0701005006	1	3179 ：1
7	呼和浩特铁路公安局	呼和浩特铁路公安局	车站派出所民警	0703845029	1	2944 ：1

续表

序号	部门名称	用人司局	职位名称	职位代码	计划人数	竞争比例
8	国家林业局	防治荒漠化管理中心	防沙治沙处主任科员及以下	0801010001	1	2933 ：1
9	文化部	办公厅	社团管理处主任科员以下	0401001003	1	2768 ：1
10	呼和浩特铁路公安局	呼和浩特铁路公安局	车站派出所民警	0703845007	1	2185 ：1

其次，就公务员考试热的原因来说，主要有以下四个方面的原因。

如上所述，公务员考试热持续升温，导致了公务员考试竞争日益激烈。而在社会各个行业工资收入排行比较中，公务员的工资收入处于中等相对偏低的位置，可见，公务员的制度内工资收入并没有行业或职业的竞争优势。那么究竟是什么原因导致了公务员考试热？要正确认识公务员考试热，首先要弄清这种考试热的成因，进而才能引导大学毕业生树立正确的职业价值观，做出适合自己的职业选择。

（一）公务员职业吸引力的拉动

公务员作为一种职业选择，在中国的特定经济、政治和社会文化背景下，仍然拥有着经久不衰的职业吸引力。这是导致众多考生报考公务员的基本拉动因素。

公务员职业吸引力主要来自当公务员所获得的较高的内在报酬因素，包括较高的工作稳定性、相对较高的社会地位、较高的社会认同感与自我认同感、较好的个人成长机会以及良好的福利待遇等。此外，成为公务员还有可能带来拥有更多的社会资源和社会关系网络，并由此获得潜在利益的预期。2003 年，北京大学关于“高等教育规模扩展与毕业生就业”课题调查研究认为，父亲社会阶层和身份地位会对子女大学毕业的就业和平均起薪水平带来影响，行政管理人员的子女工作落实比率比农民子女高 14%，平均每月收入水平高 400 元。这些都充分说明了公务员职业本身所具有的吸引力，成为广大毕业生“考公务员热”的一个重要原因。

此外，还需要说明一点，公务员职业吸引力在不同行政层级政府之间表现出差异性。根据政法大学教授翟校义（2009）的研究，认为“随着政府层级的升高，认为公务员职业具有吸引力的比例呈现下降趋势”。这就是说，在我国中央、省市县乡五级政府当中，随着政府层级下降、越是贴近基层，当公务员相对于其他职业而言，所具有的职业优势更为明显；而在中央和省直机关，公务员职业与在垄断企业、外资企业总部以及大型国有企业工作相比，职业优势相对减少。

（二）大学生就业难的压力推动

自 1999 年大学扩招以来，每年大学招生规模不断扩大。据统计，1998 年，全国高考录取 108 万人，报考人数为 320 万人，录取率为 34%；2012 年，全国高考录取 685 万人，报考人数为 915 万人，录取比例为 75%。目前，每年将有将近 700 万大学毕业生需要进入劳动力市场寻找工作，使大学生就业成为政府部门面临的重要问题，大学生“就业难”业已成为众所周知的热门话题。众多的求职者，势必对有限的职位供给造成趋之若鹜的现象。随着公务员考试相关制度的不断完善，考试公平性程度日益提高，加之公务员职业的吸引和个人参加公务员考试成本偏低等，造就了公务员考试大军人数逐年增长，出现“考公务员热”也在情理之中。将高考招生人数逐年增长趋势与公务员考试报考人数增长趋势进行对比，可以看出，二者是保持着同步增长趋势的。这就说明，公务员考试热，很大程度上来源于高校毕业生就业人数的增长。

（三）“官本位”的社会心理驱动

我国社会主义制度直接脱胎于封建社会，几千年“帝王将相”的封建思想和官僚等级制度在人们思想意识中根深蒂固，“学而优则仕”也成为历朝历代读书人的价值追求。这种思想意识根源，对于现如今的大学毕业生毕业择业和就业仍然具有深刻的影响。尽管已经进入社会主义社会并建立了市场经济体制，仍然有很多人秉承了“官本位”的思想，反映在大学毕业生身上就是想尽一切办法考取公务员，成为官僚体制中的一员。所谓“官本位”，就是以当官为人生的最高价值追求，一切为了当官，追求公共权力与社会地位。由于我们国家和社会特定的发展阶段，政府机关和官僚阶层在整个社会与经济发展中，发挥着重要的作用，掌握着强大的公共权力，加上“官本位”的文化传统的影响，使得广大毕业生仍然将当公务员作为首选职业。

（四）获取权力"寻租"的灰色收入效应

由于我国市场经济体制不完善，法制不健全，政府对市场的监管和经济的干预程度过高，机关公务员在资源配置中的权力过大；而另一方面，对公共权力缺乏监督机制，导致失去监督的"权力寻租"普遍存在。这就促使一些公务员依靠手中掌管经济、政治和社会管理的权力，利用法律和制度监管漏洞，获取制度内的合法性"灰色收入"，更有甚者，不惜违背党纪国法，进行"权钱交易"获取"黑色收入"。由于公务员的职业或身份所具有的这种潜在的"寻租效应"，极具诱惑力，对于趋利避害的理性经济人而言，却是大学生毕业找工作、热衷于报考公务员的一个重要动机。这也是与国外公务员职业形成鲜明对比之处。西方发达国家，法制健全，经济市场化程度高，对公共部门的权力监督机制十分健全，公务员作为一个职业，通常并不具备我们国家体制下"寻租"效应，毕业生择业时也就不会过于热衷成为公务员，成为公务员也就不会成为"首选"。

"公务员热绝对是一种不正常的社会反映，它不是现代社会的一种常态，更不是现代社会的理性选择。公务员热的背后实际是'官热'，是'利益热'。"[①]因此，很多专家学者提出了公务员热"拐点论"，即公务员热应当出现拐点，既由过热转向常温，甚至渐趋冷静。

◆ 公务员考试是否公平性

请问：对于报考公务员的大学生而言，了解考试是否公平，对于其安心复习和参与竞争具有重要作用。因为，明确公务员考试是依靠知识和能力的公平性竞争，可以促进其专心复习、致力于展现个人素质和能力，放弃投机钻营、指望寻找关系和门路。然后，通过正确选择报考机关和职位，并进行科学的应试备考，通过公平竞争，获得成为公务员的机会。您认为公务员考试能做到公平公正吗？

公务员考试热，千军万马挤独木桥，必然会引发考生与关心公务员考试

① 刘熙瑞，"公务员热拐点论：应然与实然"，《人民论坛》，2011.11。

的人群对公平性的关注。究竟公务员考试是不是公平竞争，是否可能通过照顾关系、托人帮忙等方式“走捷径”或“投机取巧”？是否完全按照考试成绩或最终排名进行录用的决策？笔试和面试环节是不是都能够做到公平竞争？

诸如此类，诸多问题无不涉及公务员考试公平性的问题。概括来说，公务员考试随着制度不断完善，考试测评技术的逐步完备，依据笔试、面试和考察、体检等一系列程序，选拔最终录用人选，是一种公平性程度很高的干部选拔方式。在公务员考试的各个程序中，充分体现了“招录职位职责与报考条件公开、考生平等参与、通过考试测评程序公平竞争”等基本原则，并最终“择优”选拔录用者。

就公务员考试录用报名的各项资格条件设置而言，主要还是基于各个职位的工作需要和能力要求进行设置，经过层层审批，而且依据《公务员法》和《公务员录用规定（试行）》进行设置，在性别、年龄、学历、专业、民族、政治面貌以及工作年限等各方面，管理要求越来越严，公平性程度越来越高。在全国范围内的公务员考录实践中，以往曾经出现的“萝卜招聘”、“量身定制”等不公平现象现已经基本消失。

就公务员考试的各个环节来看，包括发布职位公告、设置职位报考条件要求、资格审查、参加笔试、专业测试、面试、考察、体检到最后的录用人员公示，所有这些环节都在公开透明操作方面进行了强化，包括健全规章制度，采用高科技监控技术与设备，加强面试考官队伍素质和培训，甚至在面试环节引入社会监督等等。公务员主管部门工作人员曾公开表示，“目前为了保障公务员考试录用的公平，从各种监管手段上来看，可以用‘无所不用其极’来表述”。所有这些措施，都是对公务员考试公平、预防腐败与作弊进行保障，已经起到了显著成效。目前，在公务员考试录用中，很少有因为考试录用而进行向上反映情况或者申请行政复议的事件发生，相关腐败案件逐年减少，都可以说明，目前的公务员考试录用是比较公平的一种选拔方式。由于在各个环节进行人为干预的可能性越来越小，公务员考试甚至已经被认定为是目前社会上最为公平的一种考试方式，并在引领社会公平方面发挥重要作用。

◆ 做出公务员考试正确选择

请问：公务员考试热，在总体上来看，是在大学毕业生就业数量增长形势下出现的必然现象；但在微观层面分析，导致公务员考试热的成因是多方面的，有的是合理因素，有的却是一些报考者非理性和盲目性导致，对此应正确认识。每年公务员报名后都存在大量的弃考现象，可以充分说明毕业生在公务员报名考试中的盲目性和随意性。报考公务员无可厚非，但盲目报考不可取。您可以谈谈大学毕业生在选择报考公务员时需要考虑哪些问题吗?

广大毕业生应当在正确认识公务员考试热的前提下，结合自身实际情况，理性报考公务员考试，树立正确的的职业价值观，明确各自的职业定位，寻找适合自己的职业。

（一）正确看待公务员考试热

公务员考试热是一种社会现象或是体制性问题，而落到每一个报考者身上就是个体的就业与择业选择行为。公务员考试热有多种成因，包括公务员制度不完善导致的“寻租”利益驱动、大学生就业难导致的参加公务员考试的盲目跟风、“官本位”的社会价值理念过度引导等等，都会导致大学毕业生忽视自身的职业倾向，蜂拥而上，抱着“不考白不考”、“姑且一试”的心态，参加公务员考试，结果是一部分同学充当了“分母”和“炮灰”，同时把公务员考试不断推向新的“高潮”。在公务员考试热的诸多原因中，盲目跟风、崇尚权力、追求“寻租”等目标都是偏离正确的职业价值观的。

大学毕业生报考公务员一定要在正确看待公务员热现象、明确自己职业发展定位前提下进行报考。随意报名、选择报考职位上的不够慎重以及忽略个人的职业倾向等等，都会导致大学毕业生报考公务员的盲目性，也必然会导致考试不成功的后果，也会造成白白耗费了在备考公务员整个过程中的时间、精力；也会分散个人在毕业择业过程中的注意力，职业目标偏离，职业选择效率就会下降。

（二）做出公务员考试正确选择

做好公务员报考选择，这里首先强调的是职业价值观和职业倾向选择上。大学生毕业择业，首先需要树立正确的职业价值观，不论是进机关还是进企业，甚至是去创业，最终需要选择适合自己的职业，只有适合的才是最好的。需要在科学分析个人的职业倾向基础上，作出恰当的报考决策。这就涉及一个根本性问题，自己究竟是否适合当公务员？在明确这个问题、做出报考公务员的决定之后，就涉及如何选择报考机关和报考职位的问题，具体要弄清以下几个问题：自己适合当哪一类公务员，自己应当报考哪个行政层级的公务员，以及做出报考具体职位与区域的选择。

第一，要明确自己是否适合当公务员。

这是大学毕业生决定是否报考公务员的第一重要的问题。尽管当公务员可能在目前的各种职业选择中算是比较理想的选择，但是如果个人能力素质和性格特点不够适合的话，就不要盲目跟风，硬要选择进入公务员队伍。这样，一方面，可能考试不容易通过；另一方面，即便通过了公务员考试，也在今后长期的职业发展和进步的道路上出现不顺畅的局面。就目前已经通过考试成为公务员众多毕业生中，既有感觉工作不够适应的，也有因为人职不匹配而感觉个人价值不能够得以实现的，这种情况很难说考上公务员是获得了成功还是走入困境。要做出理性决策，需要考虑机关的工作文化、职位工作特性以及对职位任职者的能力要求，然后对照个人实际情况，和在大学期间的学习、工作表现，看个人的职位适应性和职业价值取向，作出适合自己的判断和选择。

第二，要看自己适合当哪一类公务员。

这是在个人做出第一步选择及决定报考公务员后，需要进一步考虑的问题。现行的公务员管理制度规定实行分类管理，即分为综合管理类、行政执法类和专业技术类三类公务员，相应的在公务员考试测评方向和侧重点也就有所不同，但在实践执行中略有差异。由于分类管理尚未完全实施，目前的公务员考试录用基本上还是遵循综合管理类的大一统考试模式，这就对不同专业和背景的公务员选择报考职位上的普适性，不能很好体现专业和报考职位差异性，既会导致报考上的盲目性，也会影响到考试结果的成功率。公务员分为三个大类进行管理和考录是即将深化实施的基本方向，大学生选择报考职位时，结合自身实际情况，做出相应的报考选择将变得十分必要。

第三，要做出报考公务员机关层级的恰当选择。

如前所述，目前公务员考试录用的基本导向是鼓励大学毕业生到地方和基层机关去，中央和省级机关招考公务员需要具备一定的基层工作经验。从目前公务员管理的基本导向来看，这种趋势和导向将在今后相当长一段时间维持和强化。这对大学生决定报考公务员具有重大影响。有志于进机关当公务员的毕业生，必然要面对基本的政策导向，必须先要扎根基层，树立在基层干事创业的理想和目标，当积累一定的基层工作经验后，再通过逐级遴选或选拔，进入上一级机关，从而实现个人在政治上的远大理想和抱负。

第四，做出拟报考职位与行政区域的选择。

做好这个选择，是对于大学毕业生成功考取公务员而言，具有重要意义的策略性决策。我国目前公务员考试录用的实际情况，存在着招考公务员在职位、地区之间的差异。从报考职位来看，有的职位报考人数众多，竞争过于激烈，报考者成功胜出的概率很低；而有的职位由于工作条件相对艰苦或者权力地位不够吸引人，或者至少是看上去是这样，导致了报考者寥寥无几，甚至有的冷门职位招不到人。理性的毕业生报考公务员，应当认真看待这种职位之间的差异，选择适当的职位报考，尽量降低报考职位的竞争程度，提高考试成功率。

从报考机关的地域分布来看，由于我国地域广阔，地区之间经济文化发展极不平衡，东中西部之间差异很大，在公务员招考录用上也存在较大差异，报考者的竞争程度差别很大。特别是一些艰苦边远地区，由于工作环境、条件相对比较艰苦，还存在着“招人难、留人难”的现象。为此，相关公务员主管部门已经出台政策，通过适当降低公务员考试报名条件和录取要求等多种渠道，为这些地区公务员队伍建设解决实际问题。这对于准备报考公务员的大学毕业生而言，是极大的利好因素。报考者要仔细查阅艰苦边远地区的范围，特别是从这些地区考出来的大学毕业生，若报考这些地区的公务员职位，将会具有更高的成功率。

◆ 对于报考公务员的具体建议

请问：对于明确了自我职业定位，理性选择了报考公务员的同学，您能给他们提供一些选择报考职位的建议和备考的复习策略吗？

（一）报考岗位应参考的 6 大因素

报考什么岗位对同学们来说，是一件非常头疼的事情。建议同学们从六个方面考虑，它们分别为：招收单位的条件要求、以前的录取比例、部门收入、单位级别、工作地点以及报考者的兴趣爱好等。

在公务员招录工作中，每个岗位都有一些具体的条件：包括报名者的专业、学历、相关经验等。建议大学生一定要按招考单位的要求来选择岗位，专业要求不符合、所需学历达不到、相关经验不具备的岗位最好不要报。

公务员报考中，经常出现几千人报考一个岗位，而有的岗位又无人报的现象。报考人数不一，录取比率就不一样，这直接决定了考生的成败。不同岗位的报考人数与录取比率很不确定性，每年都不好预测，同学们在判断报考录取比例时，应该与单位级别、工作地点、岗位收入这三个方面因素结合起来考虑。

从单位级别看，中央机关部委的报名人数一般多于省（区）直辖市机构的报考人数，省（区）直辖市机构的报名人数一般多于市县级机构的报考人数。从工作地点看，报考中央机关部委和沿海地区机构的人数多于在边远地区的报考人数；经济收入高的岗位报考人数多于经济收入差的报考人数，比如财政、税务等部门的报考人数多年来是居高不下。

同学们在选择报考岗位时，也应该考虑自己的兴趣所在。

选择岗位时应该仔细了解各个岗位的要求，再结合自身实际情况，对岗位录取比例、工作地点、单位级别、收入以及个人兴趣等因素进行排序，看自己更看重哪一方面。比如，有些考生出生在某些地区，就想报考当地的公务员；有些考生想报考经济收入高一点的岗位，哪怕录取比例再高，难度再大，他也想报考。

所以报考什么岗位一定要进行综合考虑。

（二）从三个方面入手准备

公务员考试内容是《行政能力测试》与《申论》。在复习过程中要注意：教材是基础，真题是关键，辅导班是锦上添花。

教材是基础。每年公务员报考期间，都有不同的出版社推出一系列教材。一些好的教材能够明确地交代考试内容的理论难点、关注要点、答题方法以及每年考试的背景，考生可以在复习过程中得到一个整体的、宏观的指导。因此，考生在复习时，一定要认真阅读一些好教材。如京华出版社、中国公务员考试网的辅导教材，对同学们复习考试更有帮助。

真题是关键。真题让同学们能亲身体验公务员考试的感觉，了解公务员试题的难度、做题的方法、技巧以及把握考试时间等。尤其是在复习《行政能力测试》时，考生做真题更为重要。做真题时，最好完全按考试的时间要求做，做完之后再对答案。

辅导班是锦上添花。在公务员考试期间，各种辅导班也十分火爆。考生在可能的情况下，最好参加辅导班，了解新的动态，对考试能起到锦上添花的作用；但如果时间太紧，最好还是把精力放在辅导书和真题上。

（三）《申论》考试关注热点问题

在公务员考试中，《申论》是一大难点，《申论》考试应该注意：①应该从公务员的角度考虑问题。《申论》考试重点在于了解同学们分析问题和解决问题的能力，因此在答题时要注意，不是像写论文那样分析问题的重要性、伟大意义，而是要提出一些切实可行的办法。②观点要正确。《申论》考试不会是争论很大的话题，一般是在社会中已形成共识的问题，考生的观点一定要符合主流。③论据有力。从所给的资料中概括好的论据，来支持自己的观点。④逻辑性强。⑤语言简练。⑥结论要有新意。

平时要注意能源、环境、反腐败、食品安全、社会风气等问题，在有条件的情况下与同学们多进行讨论，要学会从不同的角度看待问题，从而提高自己的写作水平，力争在考试中取得好成绩。

采访总结

非常感谢郝玉明博士以其对公务员考试制度的全面把握，对公务员“考试热”现象的理性分析，给我们大学生报考公务员提供了丰富的信息和周详的建议，帮助同学们能更有策略地选择自己要报考的职位以及制订科学的备考复习计划。为了能在号称“中国第一考”的公务员考试中脱颖而出，同学们不仅要在备考的路上持之以恒地执行科学的备考计划，而且要保持健康的体魄和良好的心态，全方位为公务员考试做好最充分的准备。愿大家在辛勤耕耘之后都能收获胜利的果实。

第22章　艰苦边远地区基层公务员招聘

张夏英

被访者：

周石，现任中国人民大学劳动人事学院教授，中国人民大学就业研究所研究员，陕西理工学院兼职教授。1986年毕业于北京大学哲学系，获哲学学士学位；1991年毕业于清华大学社会科学系，获法学硕士学位。曾任中国人民大学劳动人事学院党委书记，关注中国80后的成长，研究当代大学生的就业观念和能力。发表论文30多篇，合写著作11部。讲授的课程包括《组织行为学》、《人力资源管理学》、《商业应用文写作》和《思想政治工作概论》。周教授多年来一直关注中国大学生就业情况，对于当代大学生的择业观念和方向有着很深的了解，主要的科研课题是在京大学生留京就业意愿分析和劳动合同法与大学生就业，跟目前大学生就业息息相关。

引 言

近年来，“公务员热”的浪潮一直持续向人们扑来，公务员是无数年轻人眼中的“香饽饽”,“编制情结”始终有不可忽略的优势。对于年轻的大学毕业生而言，公务员考试显然成为了继高考之后的第二次千军万马挤“独木桥”，以至于竞争激烈程度更甚高考。“公务员热”渐渐成为了一种社会现象，在某些公务员职位“万人挑一”，“千人挑一”等新闻的标题背后，有太多值得我们去探讨的问题。据统计，虽然 2015 年国考报考人数有所减少，但不得不承认，在社会利益多元、就业压力增大、保障机制尚不完善的今天，还是有很大一部分年轻人争先恐后争取公务员的热门职位。与此同时，公务员逃离基层也是公开的秘密。一面是趋之若鹜的热门职位，一面是面临断层危机的基层工作，公务员这个群体，面临的依然是不健康的发展趋势。

2015 年国考报考的人数下降就真的意味着这场众人挤独木桥的考试降温了吗？我们可以通过一组数据来分析。2015 年国考报名人数比去年下降约 7 万人。据了解，这也是三年来报名人数的最低水平。伴随着报名人数的下降，今年国考的平均竞争比例也创下了五年来最低，从 2011 年的 85 ∶ 1 回落到 58 ∶ 1。而今年最热门职位的竞争比例创下了 8 年来最低纪录。“金饭碗”的光环似乎在“八项”规定等一系列重拳出击下，在对公务员素质要求越来越高的常态下，有渐渐回归本然之色的趋势。

一切似乎都在向着回归正常的方向发展着，但是有专家分析，虽然今年招考的职位有所增加，但实际上在西部和边远条件艰苦地区的职位约占到了60%以上，那么其他岗位就会相对减少。数据显示，今年国考中，最热门岗位有2625人报考，而工作强度大、基层边远艰苦地区的职位则无人问津。与其说国考降温，不如说是报考人不愿选择基层公务员职位。

艰苦边远地区基层公务员无人问津，这是一个普遍的社会现象。在最需要人才的艰苦边远地区的一些岗位常常招不到年轻人，这是招聘体制的问题，还是当代年轻人价值观念的问题？可能暂时没有办法给出一个确切的答案。

为了有效地解决艰苦边远地区基层公务员“招人难”的问题，近日，中共中央组织部、人力资源社会保障部和国家公务员局印发了《关于做好艰苦边远地区基层公务员考试录用工作的意见》（以下简称《意见》），就落实党的十八届三中全会《决定》关于“完善基层公务员录用制度，在艰苦边远地区适当降低进入门槛”的要求提出了具体措施。

《意见》明确了降低艰苦边远地区基层公务员进入门槛的办法，提出适当降低招考职位学历要求、放宽招考专业限制、适当调整报考职位年龄条件、不限制工作年限和经历、合理确定开考比例、单独划定笔试合格分数线六条措施，并对西藏和四川、云南、甘肃、青海四省藏区以及新疆南疆地区县乡机关招考公务员给予了进一步政策倾斜。同时，允许各地根据工作实际和队伍建设需要，拿出一定数量的职位面向本市、县户籍或在本市、县长期生活工作的人员招考。同时，《意见》要求拓宽基层公务员来源渠道，对做好高校应届毕业生、大学生村官等服务基层项目人员、优秀村干部、优秀工人农民等招录工作提出了明确要求，引导和鼓励广大青年到艰苦边远地区建功立业。

《意见》的出台在一定程度上放宽了艰苦边远地区基层公务员招聘的限制，能不能改善基层公务员的招聘情况还有待证实，单方面政策支持的效果也是有限的。端正基层公务员的心态，树立起当代大学生正确的人生观价值观是非常重要的，学校和老师都应该配合国家政策，鼓励学生到艰苦的地方去建功立业。

◆ 大学生选择到基层当公务员的情况

请问：都知道您研究大学生就业的经验很丰富，可以跟我们说说近年来大学生选择基层公务员岗位的情况吗？

近几年来，就业压力越来越大，从2013年的“最难就业年”到现在，每一年的情况似乎都不是很乐观。高校毕业生人数居高不下，从目前情况看，2015年应届大学毕业生就业形势与前两年相比，不会有太大变化。一来随着高校扩招，大学生群体本身的基数很大；二来社会能够提供适合大学生群体的工作岗位有限，大学生刚刚从校园走向社会，各个方面经验都不足，不仅表现在实践方面，而且包括心理状态。在这种大的环境下，学生可能采取考取研究生去逃避就业压力，给自己一个缓冲时期。当然了，“公务员热”说明了另外一种情况，随着就业压力越来越大，大学生趋向于选择稳定的工作来给自己安全感，公务员就成了一个很好的选择。热门的公务员岗位可能会出现万人去竞争的情况，因为工作稳定，福利待遇好，公务员职业听起来也很体面。但是，真正愿意下到基层工作，特别是艰苦边远地区的基层，这样的大学生数量还是不多的。这两种极端的现象值得我们去思考。每年毕业季，高校一般都有关于大学生下基层的宣传教育，应该鼓励更多的大学生发扬中华民族艰苦奋斗的精神，到艰苦边远的地方去，到祖国需要的地方去。

◆ 降低学历要求

请问：对于基层公务员“招人难”的问题，新的《意见》出台，您对这种做法有什么看法呢？

我认为考虑一种举措的意义之前，我们就必须要先弄清楚它产生的背景，众所周知是为了解决艰苦边远地区基层公务员招人难的问题。基层公务员是党在基层的执政骨干，是党和政府联系群众的桥梁和纽带。相信各级公务员主管部门都希望可以招到一大批优秀的人才，但是他们地处边远，条件相较于其他的热门公务员岗位而言很艰苦，因为这个原因无法吸引相关的人才。但是，在这种情况下要怎么落实党的十八届三中全会《决定》关于“完善基层公务员录用制度，在艰苦边远地区适当降低进入门槛”的要求呢？新《意见》的出台就是为了能够切实去解决这个问题。

接下来，我们可以看一下《意见》关于解决问题的 6 条措施的具体内容。第一条就是对于一些基层机关招考职位要求学历偏高的问题，适当要降低学历要求。其实，我们所说的基层公务员“招人难”并非真的没有人愿意去做，真实的情况是想要的人招不进来，招进来的人留不住。“一降”的意义在于，降低学历门槛，结合基层工作特点，更好地实现人岗匹配，让基层能够招进更多符合要求且愿意从事一线工作的人员。《意见》降低门槛，是相对全国的“门槛”而言的，但落实到艰苦边远地区，实际上就转化为解决人岗匹配问题。艰苦边远地区经常会碰到人才“高消费”的问题，比如在有的基层岗位上，招一个硕士生，很难留住。基层有的岗位需要熟悉农村、了解农民的村干部，但如果按照原来的考录标准，这些人恰恰到不了乡镇，进不了公务员队伍。合理降低门槛，体现了考录工作的科学性探索，有利于更好地实现人岗匹配，也能在一定程度上避免人才高消费。从事基层工作，大部分是执行落实上级政策规定，直接与群众打交道，为群众服务，需要对群众有感情，肯学肯钻。事实上，很多单位在设置报考条件时学历门槛太高，很多都要求本科及以上。这么一来，专科及以下学历人员往往因不符合学历要求，被拒之门外。偶尔个别岗位条件设置为专科，但专科生面对的却是从小到大都在考试方面占优势的竞争对手，通过考试进入基层公务员队伍异常艰难。公务员法明确规定，高中、中专以上学历人员可考录为公务员，降低基层公务员报考的学历门槛应该可行。第二条是要针对一些基层机关提出放宽招考专业限制。这些机关对于专业限制过严过狭窄，使得一部分人没办法进入基层工作。现在规定乡镇机关可不限专业，在一定程度上可以缓解报考人数少的问题。接下来就是在基层队伍的年龄结构、工作年限、开考比例等方面的新规定，旨在扩大报考人员范围，从而提高基层公务员候选人的基数。

政策有了，应该采取什么样的行动去配合这样的政策呢？基层公务员应该大力度地吸纳大学生群体，这样可以拓宽基层公务员的来源渠道，还能保证基层公务员的素质和质量。更加应该鼓励大学生到艰苦边远的地区建功立业，相较于在大城市过着“三点一线”的生活这也是一个很好的选择。因为梦想和抱负的实现不一定是要在钢筋混凝土堆积而成的城市里面，好男儿志在四方，年轻人为什么不去祖国需要的地方去呢？我想，这是对祖国多年来悉心培养的最好的报答方式了。

◆ 最低服务年限的要求

请问：您刚刚也提到了“招不进”、“留不住”的问题，那么在艰苦的基层，怎样才能留得住人呢？

关于“留不住”这个问题，其实《意见》里面也有给出相应的解决方法。我对于《意见》中提到的几点是十分赞同的。首先要找到“留不住”的原因，我所了解的情况里面就有一些很普遍的例子。比如说招来的人许多都是高学历、外地人，户籍不在本地，考公务员时一腔热血地去了，可后来却发现工作条件差、生活不适应、语言也不通，所以很快就走了。以前基层公务员的服务年限一般是两至三年，但由于上级机关招考条件一般只要求两年工作经验，为了打“提前量”，往往新考录的基层公务员工作不满两年就开始四处报考、复习备考，很难安下心来工作，更谈不上与群众建立感情。针对以上的第一种情况，我们可以抽出一定数量的职位面向本地招录。大家都知道本市、县户籍或者长期在那里生活工作的人员一般来说对当地基层有了解，易融入；对当地文化环境较熟悉，有感情。拿出一定数量的职位面向本地人员招考，公务员队伍也能相对稳定一些。但是在这一点上，《意见》的规定是，只能是“一定”数量，而不是全部。如果全部招聘本地人会有失公正，并且不利于外来文化、管理方式的引入。针对第二种情况，《意见》中提出新录用的乡镇公务员在乡镇机关最低服务年限为 5 年（含试用期），这样的规定使得高学历毕业生在报考的时候会充分考虑清楚，是不是下定决心要留在基层为人民服务，如果真的选择留下，就要扎根基层实实在在干几年，真正地从基层做起，与群众建立感情。倘若因为这个条件犹豫不定，那么报考的名额就会相应地空出来一些，这样有利于基层机关招聘到真正脚踏实地的人，愿意扎根群众，留在基层长期地为老百姓服务。这种新的规定跟我前面所说的“一降”结合，也就是“一升”、“一降”，“升”在最低的服务年限，“降”在降低学历限制。两者的相互结合刚刚好能够给基层部门招聘难提出可行的解决办法。我相信，《意见》出台以后，艰苦边远地区“招人难”、“留人难”的困境能得到进一步的化解，基层公务员队伍也将进一步充实壮大。但在《意见》的执行过程中应当做好监督工作，并且加大考录工作的透明度，一切在阳光下运行。政策有弹性不等于权力有空当，吸引基层人才最终要做到让群众满意。《意见》的出台更多的是改进考录制度，光靠制度改进去吸引人们去艰苦地区建功立业也是没有说服力的，提升待遇，加大上升空间这是有报考意愿的人最关心的问题。因为这涉及到了他们的切身利益问题，在这方面的制度应该尽快出台来配合这个《意见》。

◆ 是否会影响“公平”竞争

请问：降低了基层机关进入门槛有利于解决基层“招人难”，但是这种做法会影响公平公正吗？

进入基层门槛的降低并不意味着可以对这种权力的滥用，在这个过程中，更加应该保持程序的透明化，改进的是考录制度，如何操作还是要像以前一样“凡录必考”。这是个死规定，不管门槛怎么降低，你都要通过考试。《意见》中已经针对公平规定了 4 项内容：一是要坚持依法考录、“凡进必考”，不得简化考录程序，坚持全程公开透明，增强公务员考录工作的公信力；二是要严格控制降低进入门槛政策的适用范围，艰苦边远地区的界定和职位资格条件的设置要实事求是、科学规范、从严把握；三是要坚持德才兼备、以德为先和好干部标准，加强对考生政治素质和道德品行的考察；四是要加大监督检查力度，严肃处理违纪违规人员。这 4 项规定就是为了防止一些投机取巧的人“钻空子”。公平性是近年来社会舆论一直关注的问题，《意见》自然会考虑到这一点。这种做法也给了大众信心，揣着真本事就不会让你埋没。

◆ 鼓励大学生下基层

请问：前面我们谈了很多有关新出台《意见》的问题，基层考录门槛已经降低。眼下毕业季就要来了，应该怎样去鼓励大学生下基层呢？

工作越来越难找，大学生面临着越来越大的就业压力。国家号召大学生下基层，每年全国各地都招聘一批大学生村官到村任职。这一方面缓解了就业压力；另一方面是让大学生把先进的技术带到农村去，促进农村各方面的发展。当前，大学生的就业形势更趋严峻，但依然有相当数量的大学生不愿意下基层到艰苦地区就业。从目前大学生就业地点的选择来看，许多人把理想的就业单位仍然选择在大中城市或沿海城市，实际到基层就业的高校毕业生数量还较少，去一些艰苦边远地区的更少。究其原因，虽然农村基层和艰苦边远地区需要大量人才，但由于这些地区的待遇、条件、政策、工作环境和观念等因素，影响了毕业生到基层工作的积极性。特别是对于 90 后，就业观念已经发生了很大的变化，他们往往情绪稳定性比较差，个性突出，自主意识强，情感世界丰富敏感，可能在艰苦的地方吃不了苦、定不下心。

鼓励大学生到农村、到基层，要有实实在在的政策，让大学生下得去、用得上、留得住。国家应该尽快建立健全统一的社会保障体系，引导大学生在社会安全网的保护下走向基层，特别是艰苦边远地区的基层。

对于学校而言，要注意培养大学生正确的就业观念。应该加强关于大学生下基层的宣传教育，可以引用一些优秀的大学生下基层的事例，给他们树立一个真实的榜样，形成一个可以去模仿学习的标杆。

对于大学生自身而言，大学生一定要正确审视自己的学识和能力，即使有本科、硕士学历，那也只是掌握了相应程度的书本知识的证明。在基层干部和农民群众当中蕴藏着丰富的智慧，这是值得大学生去认真学习的。基层工作是纷繁复杂的，作为刚走出校门的大学生还很缺乏实践经验，唯有通过在基层不断的实践和思考，把自己所学知识和实践结合起来，学以致用，勇于实践，才能不断进步，才能有所作为，才能成长为中国特色社会主义事业的合格建设者和可靠接班人。还是那句话，好男儿志在四方，应该有一种责任意识。肩负起祖国建设的责任，这句话可能我们大家从小听到大，但是，现在就是该付诸行动的时候了。条件差一点，苦一点，才能让我们的大学生真正走出校园的保护，进而踏入社会，体验社会真实的生活，这是一次很好的锻炼。

采访总结

到艰苦的地方磨炼自己，首先要做好吃苦的思想准备。在基层、在艰苦地区工作，生活上的困难和精神上的孤独都是对大学生生存能力和意志毅力的考验。因此，每一个选择去基层就业的大学生，都要做好吃苦的准备。既然我们选择了农村、选择了基层，就要坚信自己的选择没有错，到艰苦的地方去锻炼和充实自己应该成为一种有价值的人生追求。其次，要认识到去基层特别是艰苦地区锻炼是大学生成长成才的正确选择。只有到困难的地方和艰苦的环境中去工作和锻炼，才能不断提高自身素质，增强工作本领。大学生离开“象牙塔”到基层工作，可以全方位地接触社会，可以更深刻地了解社会，可以更真切地体味基层的甘苦，可以更好地增进与群众的感情。基层工作的经历会成为一笔宝贵的人生财富。在采访结束后，周教授说他的观点在有关文件和报刊上已刊登过，他只是归纳一下。他希望同学们，在毕业时，做出正确的选择，到基层去工作，为祖国的建设贡献力量。

中共中央组织部　人力资源社会保障部　国家公务员局关于做好艰苦边远地区基层公务员考试录用工作的意见

人社部发〔2014〕61 号

各省、自治区、直辖市及新疆生产建设兵团党委组织部，政府人力资源社会保障厅（局）、公务员局：

为贯彻落实党的十八届三中全会精神，完善基层公务员录用制度，现就做好艰苦边远地区县乡基层公务员考试录用工作提出如下意见。

一、高度重视基层公务员考录工作。近年来，一些基层机关由于地处边远、条件艰苦等原因，出现了“招人难”的情况，基层公务员队伍人员短缺、结构不合理等问题突出。党的十八届三中全会做出了“完善基层公务员录用制度，在艰苦边远地区适当降低进入门槛”的重要决定，对于加强基层公务员队伍建设，为艰苦边远地区经济社会发展提供坚强的人才保证，具有重要战略意义。各地要从党和国家事业长远发展的战略高度，充分认识做好艰苦边远地区基层公务员录用工作的重要性和紧迫性，不断健全和完善基层考录制度，扎实有序推进基层考录工作，使艰苦边远地区基层机关“招人难”问题得到有效解决。

二、适当降低基层公务员进入门槛。各地可以根据艰苦边远地区实际情况，单独或者综合采取下列六项措施降低进入门槛：（一）适当降低招考职位学历要求，最低可到高中、中专；（二）放宽招考专业限制，乡镇机关可不限专业；（三）适当调整报考职位年龄条件；（四）不限制工作年限和经历；（五）合理确定开考比例，报考人数较少的可降低开考比例；（六）单独划定笔试合格分数线。

各地根据工作实际和队伍建设需要，可以拿出一定数量的职位面向本市（地、州、盟）、县（市、区、旗）户籍或在本市（地、州、盟）、县（市、区、旗）长期生活工作的人员招考。

除上述政策外，在西藏和四川、云南、甘肃、青海四省藏区以及新疆南疆地区县乡可进一步采取以下政策：单设职位招考；设置一定数量职位面向当地县乡事业编制人员和退役士官士兵招考；必要时可不设开考比例。

三、拓宽基层公务员来源渠道。各地要积极引导和鼓励广大青年到艰苦边远地区建功立业。要加强招考政策宣传，到高校进行宣讲，吸引应届高校毕业生报考，提高基层机关录用高校毕业生比例。加大从大学生村官等服务基层项目人员中考录基层公务员的力度，经过 3 至 5 年，定向考录比例一般应达到当年乡镇公务员录用计划的 30% 以上。加大从优秀村干部中考录乡镇公务员的力度。积极开展从优秀工人、农民等生产一线人员中考录乡镇公务员试点工作。

四、保持基层新录用公务员稳定。各地要切实关心艰苦边远地区基层新录用的公务员，从实际出发，努力解决好他们工作生活等方面的困难和问题，做好相关服务保障工作，使他们热爱基层、扎根基层、安心本职工作。各地要明确艰苦边远地区新录用公务员最低服务年限，其中新录用的乡镇公务员在乡镇机关最低服务年限为 5 年（含试用期）。在此期间，不得转任交流到上级机关。上级机关一般不得以借用、帮助工作等方式抽调乡镇公务员，因工作特殊需要短期借调的，应征得借调单位同级党委组织部门同意，并明确借调时间。要加强新录用公务员的培训与管理，使他们尽快熟悉基层情况，提高服务基层的能力。

五、夯实基层公务员考录工作基础。各地要健全考录工作机构、充实考录工作力量，为做好艰苦边远地区基层公务员考录工作提供组织保证。要加强调研，全面了解艰苦边远地区基层公务员队伍情况，准确掌握“招人难”职位分布情况和特点，制订科学合理的招考计划。在确定艰苦边远地区基层公务员招考数量和报考资格条件时，要认真听取县乡基层的意见。要坚持县、乡行政编制分层级管理，以县为单位，乡镇机关总体空编的，要及时开展考试录用工作，为艰苦边远地区基层机关补充人员。要提高考录科学化水平，按照基层工作实际需要和基层行政执法特点，以能力测试为核心，科学设计县乡公务员录用考试内容，积极推进为基层单独命制笔试和面试试题工作。对履行职责有少数民族和本地语言能力要求的职位，可以进行相应的测试。

六、加强基层公务员考录工作领导。各省（区、市）公务员主管部门要在党委和政府的领导下，统一部署和组织实施艰苦边远地区基层公务员考试录用工作。

要坚持依法考录，坚持“凡进必考”，确保基层公务员队伍整体素质。要严格控制降低进入门槛政策的适用范围，艰苦边远地区的界定和职位资格条件的设置要实事求是、科学规范、从严把握。不得简化考录程序，坚持全程公开透明，确保公平公正。要坚持德才兼备、以德为先和好干部标准，加强对考生政治素质和道德品行的考察，注重把好思想政治关。要严肃工作纪律，严禁针对特定人员设置与履职无关的资格条件。要做好艰苦边远地区基层公务员招考的宣传工作，树立正确的舆论导向，增强公务员考录工作的公信力。要加大监督检查力度，严肃处理违纪违规人员。

各地要根据本意见，结合当地实际，明确艰苦边远地区的范围及相关配套政策，制定具体实施办法。实施办法要报中央公务员主管部门备案。中央公务员主管部门将加强对各地降低门槛政策执行情况的监督检查。

中央组织部　人力资源社会保障部国家公务员局

2014 年 9 月 4 日

第 23 章　大学生当兵——报国就业的最佳选择

卿文博　张石磊

被访者：

王志刚，军事科学院大学生士兵工作课题组组长。1972 年 12 月入伍，1974 年 11 月入党，先后就职北京军区、济南军区、海军、总后。

历任报道员、班长、排长、代指导员，军、师、团新闻干事、教育干事、理论干事，军党委学习秘书，团宣传股长、师宣传科长、师政治部副主任、师副政委，潜艇支队副政委、潜艇学院副师职教员、副教授，旅（系）政委，政治部副主任等职。

在作战部队工作 26 年（军、师、团三级机关 22 年，连队 4 年），院校 16 年（其中旅主官 6 年）。长期从事政治工作和理论研究，通晓基层，熟悉军以下机关。因工作成绩突出 3 次荣立三等功、15 次受嘉奖，南京陆院师团指挥班全优学员。先后在《解放军报》《人民日报》《学习时报》《求是》《红旗文稿》《中华魂》等报刊发表文章 200 余篇。

近几年主要成果：已出书《听党指挥　无往不胜》《服务人民　根深叶茂》，第三本《英勇善战　举世无双》统稿中。中央电视台已拍摄 2 集电视片《军歌里的历史》。发表文章 40 余篇，作为“大学生士兵工作研究”课题的组长，围绕大学生课题出研究成果 8 篇（总政宣传简报 1 篇，解放军报报眼 1 篇，解放军报内参 4 篇，新华社内参 1 篇，中国青年报 1 篇）。所发文章中，《八路军新四军番号的由来》《七十二载不朽的战歌》《毛泽东指挥朝鲜停战谈判》《从苏联解体说开去》《皖南事变后新四军的恢复与发展》《冯白驹与海南红旗 23 年不倒》《美国军费分析》《毛泽东与两弹一星》《求真务实向未来——学习贯彻十八大体会》《毛泽东与抗美援朝——出兵朝鲜的艰难决策》等 15 篇在 4000 字以上，6 篇被《国史研究》《报刊文摘》《作家文摘》《中外文摘》等转载。

引　言

近几年来，越来越多的大学生（包括在读生和毕业生），把到部队当兵作为直接就业和间接就业的正确选择，这是非常明智的。古人云：宁为百夫长，胜作一书生。自古以来，投笔从戎而后建功立业的故事比比皆是，这不仅展现了书生们豪迈的军旅情怀，也给我们当代大学生带来了一些实在的启示：当兵是我们就业的一条重要渠道。

尽管如此，当前，对当兵的有限认知以及对军旅生涯发展的陌生还是让众多大学生对选择当兵形成了或多或少的心理抗拒。因此，让部队发出自己的声音，揭开大学生当兵的种种迷雾，让大学生增加对当兵的了解并形成比较全面深刻的认识，必将有助于大学生择业观的转变。

◆ 历史上出现过的知识青年入伍热

请问：大学生当兵并不是一件新鲜事。请问自近代以来，我国大学生当兵入伍的来龙去脉是怎样的？

毛泽东曾说：没有文化的军队是愚蠢的军队，而愚蠢的军队是不能战胜敌人的。在军队的历史上，先后有过三次大规模接收知识青年入伍的高潮，随之带来了军队质量建设的突飞猛进和革命建设事业的胜利发展。

第一次是抗战时期。1937 年 7 月抗战爆发后，偌大中国放不下一张平静的书桌，大批学生走出校园，寻找救亡之路。中国共产党的抗战救国主张对广大知识青年形成了强大的吸引力，毛泽东亲自起草了《中共中央关于吸收知识分子的决定》，号召“放手吸收青年来延安学习”。中共中央所在地延安一时间成为爱国青年心中的“圣城”。青年学生背着行李，燃烧着希望，走进了“圣城”。在延安“中国人民抗日军事政治大学”（简称“抗大”）等院校基础上，我党又陆续在各敌后抗日根据地开办了 14 所“抗大”分校、5 所陆军中学和 1 所附属中学。到 1942 年年底，共有 10 万多青年学生，投奔到延安及其他抗日根据地，参加了八路军、新四军。这些青年学生经过抗大以及其他各种形式的学习培训，绝大多数成为了懂政治、懂军事、会做群众工作的优秀指挥员，为抗日战争和解放战争的胜利作出了重要贡献，成为新中国成立后各条战线的优秀人才和骨干。

第二次是新中国成立之初。新中国成立后，解放军开始由单一陆军向诸军兵种合成军队转变。为加快培养专业技术人才，以确保海军、空军等技术兵种快速组建，中央军委要求全国各种军事干部学校在全国范围内统一招生，掀起了我军历史上又一次知识青年从军潮。1950 年 10 月以后，全国开展抗美援朝运动，青年学生参军出现高潮。据《人民日报》报道，“首都学生、工人欢欣鼓舞，一致高呼：为祖国和人民建功立业的时机到了！北京大学、清华大学、中国人民大学等首都高校和中学都在整个团支部、整个系班报名参军。汤用彤、许德珩、华罗庚、黎锦熙等知名教授纷纷鼓励学生参加国防建设，清华大学教授梁思成、林徽因夫妇也积极支持儿子梁从诫参加军事干部学校。”全国各地参加报名的青年学生达 58 万余人，实际招收了 10 万余人入伍，进入各类军事干部学校学习。用当时的话说：“十万学生兵，披上新戎装，跨进军干校，掌握新武器，打击野心狼，卫国保家乡。”这次知识青年从军潮大大改善了人民军队的文化结构，有力促进了我军各技术兵种部队的逐步建立，使我军的军兵种技术构成发生了历史性变化。经过培养与锻炼，这批人中的大多数成长为军队的干部、党和国家的栋梁之材。

第三次是在“文化大革命”中。当时废除考试制度，大学停止招生，到 1968 年，积压在学校的毕业生已经不止 66、67 两届，加上 68 届毕业生，达到几百万人。毛泽东发表了一系列指示，指出：“我们提倡知识分子到群众中去，到工厂去，到农村去，主要是到农村去，由工农兵给他们以再教育。”1968 年 8 月起，全国掀起了宣传“再教育”的高潮。1968 年 12 月 22 日，毛泽东发出指示：“知识青年到农村去，接受贫下中农的再教育，很有必要。要说服城里的干部和其他人，把自己初中、高中、大学毕业的子女，送到乡下去，来一个动员。各地农村的同志应当欢迎他们去。”《人民日报》刊登了《我们也有一双手，不在城里吃闲饭》的报道，希望广大知识青年和脱离劳动没有工作的城镇居民到农村生产第一线去。由此，全国掀起了知识青年上山下乡运动的热潮。一度震撼全国，轰动世界的红卫兵运动，以上山下乡的形式逐渐消失。在上山下乡的高潮中，同时出现了知识青年参军热。高中生、大学生纷纷入伍当兵。不少师团都成立了大学生连。当年，这些上山下乡当兵的知识青年，如今是共和国的脊梁，在地方从政的省部级、中央政治局有之，部队的中将上将可圈可点，从事军工科研、教育文化的更是数不胜数。

通过了解这三段大学生入伍的历史，我们发现过去大学生当兵和国家的形势紧密相连，但不能不说当兵也是就业的一条好的途径和选择。

最近这次大学生当兵潮起源于 20 世纪 80 年代初，可以说是第四次。1983 年，部队直接从地方高校中，选拔少量身体合格、品学兼优的大学毕业生到作战部队或机关院校担任基层干部。进入 21 世纪后，国家鼓励大学毕业生到部队当兵，2001 年部队第一次从地方院校招收大学生当兵，但每年征集数量有限。2008 年发生金融危机，全国就业形势严峻，党中央、国务院和中央军委从缓解就业压力出发，做出重大部署并出台了相关政策。2009 年起首次大规模征集大学生入伍，包括在读生和大专生在内，突破 10 万名大关；已连续保持五年；今年又有大幅增长。随着国家和军队改革的不断深化，大学生当兵作为就业的一条渠道，将越来越成为最佳的选择。

◆ 大学生当兵的优惠政策

请问，就当代大学生当兵，国家出台过哪些相关的优惠政策呢?

从 2008 年起，党中央、国务院出台了大学生参军的优惠政策，主要内容是：鼓励高校毕业生、在校生应征入伍服义务兵役，实行学费补偿、国家助学贷款代偿、退役后考学升学优惠、就业服务等八项优惠政策，堪称是从军热潮最直接的“催化剂”。政策是导向，指引青年就业的方向。大学生除享有优先报名应征、优先体检政审、优先审批定兵、退伍优先安排使用“四个优先”政策，家庭按规定享受军属待遇外，在部队还享受优先选拔使用。全国各地还根据各地区的实际情况制定了一些优惠政策，如预留事业编制、考公务员加分等。

八项优惠政策（材料展现）

（一）服役期间享受的优惠政策

1. 享受优先政策

大学生入伍享受优先报名应征、优先体检政审、优先审批定兵、优先安排使用政策以及体检绿色通道，大学文化程度青年未批准入伍前不得批准高中以下文化程度青年入伍。

2. 享受优待政策

优待金由批准入伍地发放，其家庭享受军属待遇，由户籍所在地负责落实相关优待。

3. 大学毕业生可选拔为军官

普通高等学校全日制毕业生应征入伍的士兵可被选拔为军官，所称选拔军官包括：大学毕业生士兵提干、报考军队院校和保送入学。

（1）大学毕业生士兵提干：符合本科以上学历，截至当年6月30日，入伍1年半以上（服役期间取得学历和学位的应当入伍2年以上），且在推荐的旅（团）级单位工作半年以上等基本条件的，可以列为提干对象；根据规定符合一定条件的，优先列为提干对象。

（2）报考军队院校：参加全国普通高等学校招生统一考试，经省招生办公室专科统一录取且取得全日制专科学历的毕业生士兵，可以参加全军统一组织的本科层次招生考试，录取的入有关军队院校学习，学制2年，毕业合格的列入年度生长干部毕业学员分配计划。报考条件、考试组织、录取办法等另行规定。

（3）保送入学：大学毕业生士兵参加优秀士兵保送入学对象选拔，年龄放宽1岁；同等条件下优先列为优秀士兵保送入学推荐对象，选拔办法按照优秀士兵保送入学有关规定执行。大学毕业生士兵保送入学对象具有本科以上学历的，安排6个月任职培训；具有专科学历的，安排2年本科层次学历培训。

4. 优先选取为士官

对于符合士官选取条件的士兵，同等条件下具有全日制大专以上学历的要优先选取；师（旅）级单位范围内相同专业岗位的士兵，在任职能力相当的情况下，应优先选取高学历士兵。

（二）退役后享受的优惠政策

5. 保留入学资格或学籍

（1）入伍高校新生可以申请保留入学资格。退役后两年内，可以在退役当年或者第2年高校新生入学期间，持《保留入学资格通知书》和高校录取通知书，到录取高校办理入学手续。

（2）现役军人入伍前已被普通高等学校录取或者是正在普通高等学校就学的学生，服役期间保留入学资格或者学籍，退出现役后两年内允许入学或者复学。

6. 享受学费补偿和国家助学贷款代偿

（1）应届毕业生享受学费补偿和助学贷款代偿。国家对应征入伍服义务兵役的高等学校毕业生在校期间缴纳的学费实行补偿。在校期间获得国家助学贷款的，学费补偿款必须首先用于偿还助学贷款本金及其全部偿还之前产生的利息。

国家对每名高校毕业生每学年补偿学费或代偿国家助学贷款本息的金额，最高不超过 6 000 元。

（2）在校大学生享受学费补偿和助学贷款代偿。国家对应征入伍服义务兵役的高等学校在校生在校期间缴纳的学费实行补偿，退役后复学的原高校在校生实行学费资助。国家对每名高校在校生应征入伍前在校期间每学年学费补偿或国家助学贷款代偿的金额，按实际缴纳的学费或获得的国家助学贷款金额计算，每人每年最高不超过 6 000 元。

（3）往届毕业生享受学费补偿和助学贷款代偿。简化学费补偿代偿及学费减免程序，将往届毕业生纳入资助范围。

（4）录取未报到新生受学费补偿和助学贷款代偿。应征入伍服义务兵役前正在高等学校就读的学生（含按国家招生规定录取的高等学校新生），服役期间按国家有关规定保留学籍，退役后自愿复学的，国家实行学费减免。

7. 大学生士兵退役后享受升学优惠政策

（1）高职（专科）学生入伍经历可作为毕业实习经历。

（2）退役大学生士兵入学或复学后免修军事技能训练，直接获得学分。

（3）普通高校应届毕业生应征入伍服义务兵役，退役后三年内参加全国硕士研究生招生考试的，初试总分加 10 分，立二等功及以上的免试（指初试）攻读硕士研究生。

（4）具有高职（高专）学历的，退役后免试入读成人本科，或经过一定考核入读普通本科；荣立三等功以上奖励的，在完成高职（专科）学业后，免试入读普通本科。

（5）应征入伍的高校毕业生退役后报考政法干警招录培养体制改革试点招生时，教育考试笔试成绩总分加 10 分。

8. 大学生士兵退役后享受就业安置优惠政策

（1）高校应届毕业生入伍服义务兵役退出现役后一年内，可视同当年的高校应届毕业生，凭用人单位录（聘）用手续，向原就读高校再次申请办理就业报到手续，户档随迁（直辖市按照有关规定执行）。

（2）退役 1 年内的自主就业退役士兵可按规定免费参加教育培训。

（3）对退役士兵从事个体经营的，3 年内限额减免营业税、城市维护建设税、教育费附加和个人所得税，限额标准为每户每年 8000 元，最高上浮 20%。

（4）在招录公务员、参照公务员法管理机关（单位）工作人员，招聘事业单位工作人员时，要确保同等条件下优先录用（聘用）符合政府安排工作条件的退役士兵。边疆、民族地区乡镇机关招录公务员时，可拿出一定数量的职位，招录符合职位要求、政府安排工作的退役士兵。退役士兵报考公务员、应聘事业单位职位的，在军队服现役经历视为基层工作经历，服现役年限计算为工龄。财政支付工资的各类工勤辅助岗位遇有空缺时，应当首先用于接收由政府安排的符合岗位条件的退役士兵。

（5）国有、国有控股和国有资本占主导地位企业在新招录职工时应拿出 5% 的工作岗位，在符合政府安排工作条件的退役士兵之间公开竞争，用人单位择优招录。

（6）按照国家规定发给退役金，由安置地的县级以上地方人民政府接收，根据当地的实际情况，可以发给经济补助，安置地的县级以上地方人民政府应当组织其免费参加职业教育、技能培训，经考试考核合格的，发给相应的学历证书、职业资格证书并推荐就业。

（7）参加户籍所在地省级毕业生就业指导机构、原毕业高校就业招聘会，享受重点推荐、就业指导等就业服务。

（8）乡镇补充干部、基层专职武装干部配备时，应注重从退役大学生士兵中招录；对返乡务农的退役大学生士兵，鼓励通过法定程序积极参与村居“两委”班子的选举。

◆ 入伍后提干与选取士官

请问：根据刚才所提到的优惠政策，请问您能否就征兵优先、到部队后提干及选取士官优先做出一些具体解释？

（一）征兵优先。从 2013 年开始，为了有利于大学生入伍，国家将以往的冬季征兵改为夏季报名、秋季入伍。具体是从 8 月 1 日开始征兵、9 月 1 日批准入伍、9 月 5 日起运新兵、9 月 30 日征兵结束。2014 年全国男女兵征兵时间，男、女兵网上报名时间是：男兵，普通高校应届生、在校生、高中中职应届生、高中中职往届生，是 2014 年 4 月 10 日 ~2014 年 7 月 30 日。女兵，普通高校应届生、普通高校在校生、高中应届生，是 2014 年 6 月 20 日 ~2014 年 8 月 5 日 18 时。年龄是 17~22 岁。男青年年龄限定为 2013 年 12 月 31 日以前年满 18 至 20 周岁，普通高等学校在校生可放宽到 22 周岁，高职（专科）毕业生可放宽到 23 周岁，本科及以上学历毕业生可放宽到 24 周岁。女青年年龄限定为 2013 年 12 月 31 日以前年满 18 至 19 周岁，普通高等学校在校生可放宽到 20 周岁，普通高等学校应届毕业生可放宽到 22 周岁。

（二）提干和选取士官优先。大学毕业生士兵的提干条件有：①政治立场坚定，军事素质过硬，文化基础扎实，有发展潜力，志愿献身国防事业；②中国共产党党员或者入党积极分子；③大学本科毕业的，包括第一批和第二批统一录取并取得本科学历和学士学位的毕业生（含毕业学年入伍，服役期间取得学历和学位的），第三批录取并取得全日制本科学历和学士学位且服役期间表现特别优秀的毕业生；研究生毕业的，必须是参加全国硕士研究生招生统一考试，取得全日制研究生学历的毕业生；④截至当年 6 月 30 日，入伍 1 年半以上（服役期间取得学历和学位的应当入伍 2 年以上），且在推荐的旅（团）级单位工作半年以上；⑤现实表现好，被评为优秀士兵或被旅（团）级以上单位评为先进个人；三本毕业的还应当担任班长或副班长，或荣立三等功以上奖励，或被旅（团）级以上单位评为军事训练标兵；⑥身体和心理健康，符合军队院校招收学员体格检查标准。年龄，截至当年 6 月 30 日，本科毕业的年龄不超过 26 周岁，研究生毕业的不超过 29 周岁。其中，获得二等功以上奖励的，被军区级以上单位树为重大典型、表彰为英模人物的，在驻国家三类以上艰苦边远地区少数民族聚居区部队服役且为少数民族的，年龄可放宽 1 岁。

（三）选取士官的优惠政策主要有 5 项：①对符合士官选取条件的士兵，同等条件下具有全日制大专以上学历的可优先选取士官；②对担任专业技术复杂岗位、胜任本职的大学生士兵，本人自愿继续服现役且符合岗位编制要求的，原则上保留服役至中级士官规定的服役年限；③对确定为士官培养对象的大学生士兵，优先安排参加与任职岗位相应的专业技术培训，优先安排担任基层分队长、班长、副班长；④具有全日制大专以上学历大学毕业士兵，首次选取为士官的，参照直接从非军事部门招收士官的有关规定授予士官军衔和确定工资起点标准，在地方高校学习时间视同服役时间；⑤具有全日制大专以上学历的士兵考入士官学校后，可参加高技能人才培养班，修满规定课程和学分的，发给职业技术教育本科毕业证书和学位证书，毕业后原则上服役至四级军士长，获得技师资格的，优先选取为高级士官。

◆ 当兵大学生的最佳职业选择?

请问，关于大学生当兵，您觉得这是一项好的职业选择吗?

一说这个“大学生当兵”话题，一些同学就不赞成或很不赞成，甚至嗤之以鼻。这是因为一些人对什么是就业和军人这个职业没有搞清楚。成家立业，就业和立业是互相联系而又有区别的概念。就业是指成人后，有了一份工作（职业），能为社会作出一定的贡献，并得到适当的报酬。就业可以是一次，也可以多次。立业是指在一个职业取得了客观的成效或站住了脚跟并一直奋斗下去，一般一次并和成家相联系，三十而立、成家立业就是这个意思。这样一来，就业就有了直接和间接之分。军队正在走向职业化，可以直接就业；军队是铁打的营盘流水的兵，可以间接就业。随着国防和军队改革的深入，无论是从直接就业，还是从间接就业上说，当兵都是大学生就业的最佳选择。为什么？主要是两个方面，一方面是军队职业化需要大学生士兵为主体，另一方面是大学生成人成才需要到部队锻炼。

先说说军队职业化需要大学生士兵为主体的问题。习近平担任军委主席以来，国防和军队的改革逐步推进，下一步将会出现根本性的变化，军队职业化是其中的一条。

军队的基础是士兵，战斗力在连队。尤其是信息化战争，最高统帅能够指挥到一个兵的情况下，士兵的素质直接关系到战争的成败。吸收优秀青年当兵、改善兵员结构、提高兵员素质是军队改革的应有题中之义。大学生群体是优秀青年集中的地方。军队正在加速实现士兵以大学生为主体，以解决征集优秀士兵难和退兵多的问题，并以此为契机改善兵员结构、提高兵员素质，打牢军队能打仗、打胜仗的基础。这就为大学生当兵就业开辟了广阔的前景。

◆ 让大学生成为军队主体，是军队职业化需要

请问：您刚才提到“军队职业化需要大学生士兵为主体”，从这个角度出发，请问我国目前情况如何？

美国等西方发达国家已是士兵大学生化了，我军也具备了建设一支以大学生士兵为主体的高素质士兵队伍的条件。

1. 大学生士兵有充足的兵源。我国每年有 700 万左右的大学生毕业，如有 10% 左右的大学毕业生入伍，再加上一定数量的在校生和大专毕业生，连续征兵两年后，军队可实现以大学生士兵为主体，即大学生士兵数量在一线连队占 60% 以上。

2. 大学生士兵在部队有良好的表现。据了解，目前连队大学生士兵所占比例已达到 10% 至 15%。各单位普遍反映，大学生士兵文化高、知识面宽、反应快、思想活跃、接受能力强，能很快把知识转化为能力，较快地掌握所在部分队的专业军事技能，特别是在一些信息化水平较高的装备和科目组训中明显占有优势，在完成重大演习、执行多样化军事任务中大学生士兵发挥了积极作用。大学生因思想问题，服役不满二年被退兵的数量极少，不到百分之一。北海舰队潜艇二支队，2009 年入伍的 42 名大学生士兵中 6 人提干、13 人留转士官，2010 年入伍的 15 名大学生士兵中 3 人提干、6 人留转士官，2011 年入伍的 31 名大学生士兵中 4 人提干、4 人留转士官，2012 年入伍的 26 名大学生士兵中 3 人提干、10 人留转士官。这充分说明大学生士兵以良好的表现赢得了部队的信任和重用。

3. 大学生士兵管理有成熟的制度和经验。连续五年的大批大学生入伍，为实

现士兵以大学生为主体探索了路子、打下了基础。各部队普遍重视做好大学生士兵工作，针对大学生士兵的特点，围绕“怎么看、怎么教、怎么管、怎么训、怎么用”，着眼加速推进军队信息化建设和战斗力生成模式转变的新要求，做了大量富有成效的工作，较好地促进了大学生士兵的健康成长。第一、二批中的优秀分子已提拔为干部，第三批中的优秀分子正在军校培训。从各部队反映的情况看，大量吸收大学生当兵的方向是正确的，士兵以大学生为主体是可行的。

尽管我们已具备了士兵以大学生为主体的条件，但从六年来兵员征集的情况看，大学生士兵数量一直在 10 万多人徘徊，离士兵以大学生为主体差距很大。影响大学生入伍的主要问题及原因：首先，国防意识的淡化从根本上妨碍着大学生踊跃参军入伍。近年来，各地不断采取经济措施、运用优惠政策吸引调动适龄青年报名参军，但征兵难、征集优秀兵员难、大量征集大学生士兵难比较普遍，当兵冷始终得不到很好的解决，有的省市甚至难以完成征兵任务。这是因为为曲线就业、为个人眼前利益而当兵，这个动力是有限的。其次，地方优抚安置差别大，导致各地大学生参军入伍很不平衡。由于各地出台的优抚安置政策不一，造成同一师团的兵因入伍地不同，优抚金数额差距很大、安置也有较大区别，再加上一些地方的优抚安置落实不到位，客观上打击了大学生当兵的积极性。再次，军队生长干部来源多头并进、标准不一，造成的不平等直接影响着士兵以大学生为主体的形成。同样是高中考大学，国防生、军校生，一毕业就是干部，而大学生则是当兵一年半后才有提干资格，这种待遇上的不平等给大学生当兵造成了较大的心理障碍，是大学生士兵数量徘徊不前的瓶颈。

◆ 怎样吸引大学生入伍

请问，如要实现军队以大学生为主，目前还有哪些主要问题需要解决？

实现士兵以大学生为主体势在必行、势在可行。就各单位目前的情况看，要实现士兵以大学生为主体，就要从科技强军、人才兴军、准备打仗的高度予以战略谋划，制定相应的政策和制度规定，使大学生愿当兵、当好兵，有干头、有盼头，当兵和就业一体化，才能大量吸引优秀大学生入伍。

第一，要强化全民的国防意识，确立新形势下的“大国防观”。

近年来，各地不断采取经济措施、运用优惠政策吸引调动适龄青年参军入伍的积极性，但应征工作忽冷忽热的现象时有发生。一方面征兵难、征集优秀兵员难、征集优秀大学生士兵难比较普遍；另一方面部队又难以留住优秀士兵，所调研单位的 2009 年、2010 年、2011 年大学生士兵（除海军外）90% 以上的退出现役。出现这些问题的原因是多方面的，其深层原因是全民国防意识的淡化。因此，现实社会和周边环境要求全民关注、支持、参与军事安全，从根本上实现市场经济条件下的“小国防观”向“大国防观”的转变。

“大国防观”是国防意识的最高表现形式，是一种自觉维护国家和民族利益的观念，是民族精神和国民素质的集中体现。主要内容包括国家利益至上的安全观、爱军精武的从军观、军民融合的协调发展观，其核心是军事安全。强调军事实力是对外交往的坚强后盾，军事斗争是对外斗争的最高形式和最终手段。强调没有军事安全，国家的政治、经济、科技、信息、文化、环境等安全就无从谈起。“小国防观”则集中表现为：对国家安全盲目乐观，形而上学地看待眼前的和平，忘却了战争与和平的相互转化，认为军事威胁已不再是关系国家安全和民族生存的主要因素；对个人利益片面强调，对从军报国漠不关心，以短视的、单纯追求经济效益的观点指导工作，看不到国防和军队建设对于发展经济的长远效应，使人淡化国防意识，产生松懈麻痹思想。

实现“小国防观”向“大国防观”的转变，一是加强全社会的“大国防观”教育。党的十六大、十七大、十八大都提出要“抓好全民国防教育”。全社会国防教育的着力点是强调军事安全的重要性、必要性，克服“小国防观”及国防观念泛化所带来的和平麻痹思想，利用电视、网络、报刊等媒体，把国防教育进入主阵地、形成主旋律，强化全民族的“国无防不立，民无兵不安”、“经济是中心，国防是后盾”、“一人参军，全家光荣”的意识。引导广大干部群众树立“大国防观”，牢记“国家兴亡，匹夫有责”、“天下虽安，忘战必危”，不断增强关心军事安全的责任感和使命感，营造“当兵保国尽义务”的良好社会氛围。二是突出对学生的“大国防观”教育。国防教育要从娃娃抓起，走小学启蒙、中学巩固、高中和大学加强的路子，把国防教育内容，包括国防理论、国防精神、国防知识、国防技能、战备形势、敌情社情等进课堂进教材，使学生从幼年到成年接受一个完整系统的国防教育。牢固确立“崇武强体、国家兴旺”“沉溺享乐、国家灭亡”的价值观，中学生、大学生军训的方向和目标，是为了培养爱国主义、爱军习武的国防观，而不是为了入校后好管理，把整齐划一练队列等军训内容纳入“大国防观”教育之中，中学每年、高中大学每学期搞一次军训。三是搞好征兵期间的“大国防观”教育。从每年四月的应征工作网上报名到九月新兵起运，前后近半年的时间，这期间人们更加关注军事安全、周边形势、军队建设，抓住这一有利时机进行“大国防观”教育，容易收到事半功倍之效。每年由国家统一征兵宣传的策略和口径，运用主流媒体等一切宣教手段，大讲、多讲、主讲“忧患意识”，鼓励青年为了国家、为了民族踊跃参军入伍，辅助搞好政策解读，使征兵宣传教育工作既轰轰烈烈又扎扎实实，成为最现实的“大国防观”教育。四是大张旗鼓地搞好拥军优属活动。“拥军优属”就是拥护爱戴人民的子弟兵，优待军人家属，是以褒扬烈士、慰问军人、优待烈军属等为主要内容的群众性活动，是“大国防观”教育的好载体。通过重大节日（元旦、春节、八一建军节等）期间的集中拥军优属，和开展经常性的拥军优属服务以及智力拥军等形式，提高军队和军人的社会地位，增强军人的荣誉感、自豪感。社会对军队、军人的认可度与“大国防观”教育的效果成正比。

总之，增强全民的大国防观念，把个人就业放在报效祖国的大视野下，才能广开兵源，吸引更多的优秀大学生和优秀青年到部队来。

第二，要有硬性规定，为大学生当兵提供法律保证。

要从实现士兵以大学生为主体修订完善法律法规和各项政策。把提倡和鼓励大学毕业生当兵尽义务写入兵役法，并调整优抚安置政策，除已有的减免学费等优待外，优抚金采取国家补助加地方统筹，应按所在省或地市居民人均收入的倍数予以发放，使优抚金有一个基本的统一标准，改变同一单位的兵由于入伍地县不同，优抚金有很大不同的问题；复退安置要有统一的要求。应把服兵役作为公务员、事业单位和进国企的重要资格，服役5年或荣立三等功以上的大学生士兵，考公务员、事业编和进国企时同参加过“三支一扶”人员享受一样的待遇，而不是只“参加国家组织的农村基层服务项目人选选拔时优先录取”。逃避服兵役者不能担任县以上主要领导。

第三，要进一步完善吸引和保留大学生士兵的“大政策”，形成有利于大学生士兵安心服役、建功军营的制度安排。

就是针对大学生当兵后部队人才队伍建设面临的新情况、新问题，改变目前生长干部“五马奔腾”（国防生和其他应届优秀毕业生、地方高中军校生、部队士兵军校生、优秀士兵提干、大学生士兵提干）的局面，实行“五流合一”。大学生士兵提干和优秀士兵提干并轨、军校和国防生从当兵一年的在读大学生士兵和大专生及高中生中招生，“其他应届优秀毕业生”直接当军官应减少或取消，直招士官与大学生士兵选改士官并轨，士官学校从当兵一年的大专生及高中生中招生。使军队生长干部主渠道与士兵以大学生为主体相一致。建设高素质的大学生军官队伍、高素质的大学生士官队伍、高素质的大学生士兵队伍，实现大学生士兵与大学生士官、大学生军官相衔接，最大限度地克服没当过兵直接当军官的问题，既将帅起于卒武，又减少了消极腐败现象的发生。

第四，要进一步办好军队这所“大学校”，努力营造更有利于大学生继续学习、成长成才的良好环境。

大学生大批入伍对办好解放军这所“大学校”提出了更高的标准。办好“大学校”才能更好地吸引大学生、转变大学生的思想。一要以光荣传统育人，筑牢军魂。使大学生士兵在学习党史、军史，本单位发展史中兵味、军味浓起来。二要以军营文化育人，寓教于乐。把军营文化与坚定政治信仰、保持乐观的革命精神、激发旺盛的战斗精神结合起来，增强部队的吸引力、感召力和凝聚力。三要以科学管理育人，体现时代特色。科学管理出战斗力、出人才。要大力弘扬古田会议精神，把思想建党、政治建军落到实处，从大学生士兵的特点出发，更新管理理念，克服为保安全而限制和侵占官兵的娱乐权、休假权、周末休息权和简单禁止上网、使用手机等错误做法，推行阳光带兵、文明带兵，使民主主义回归连队。

通过克服阻碍大学生大批入伍的主观障碍和客观障碍，实现士兵以大学生为主体，每年将有成千上万大学生参军，其中绝大数又都是毕业生，那么当兵就为大学生开辟了一片就业的新的广阔天地。一旦大学生当兵形成气候、形成气势，任何行业、任何职业都无法与之媲美。

◆ 当兵——让大学生在部队成长成才

请问：人们常说大学生到部队锻炼有助于大学生成长成才，您刚才也有提到，请问大学生在部队锻炼具体都有哪些好处呢？

第二次古田会议后，全军上下紧跟习主席从古田再出发，迎来了军队改革和建设大好时机。随着部队政治环境越来越好，大学生就能在当兵中得到的锻炼会更大，成长成才会更好。

一、有助于思想政治走向成熟。

人和动物的根本区别就是人有思想，思想支配行为。思想紧连着政治，政治是思想的制高点。政治是民众之事、国之大事。懂政治就能站得高、看得远，没有正确的政治观点就等于没有灵魂。这些年来，道德滑坡、是非不分与政治意识淡化、政治观点模糊有直接联系。一些人把马克思主义边缘化，宣传西方自由化的价值观，抹黑开国领袖，丑化中国共产党，本身搞得就是政治。政治是具体的、实在的，人是社会的人，离不开政治，你不找政治，政治就找你，往往那些反对政治的正在搞政治。少数同学政治幼稚，看问题不讲辩证法，没有正确的政治观点，使人感到长不大。到部队后，大学生可以在政治上迅速走向成熟。这是因为军队有着很强的政治环境。政治建军始自三湾，成于古田。毛泽东率领秋收起义的部队，在进军井冈山途中的三湾进行了改编，在连队建立党支部和士兵委员会，奠定了党对军队绝对领导和官兵政治平等的基础，把新型的人民军队与剥削阶级的旧军队区别开来。上井冈山后，毛泽东又制定了三大纪律、确立了三大任务等，形成了一系列新的制度、原则。在这一过程中，红四军内新旧两种思想观念发生了激烈冲撞，最终新的战胜了旧的，形成了思想建党、政治建军的纲领性文件，这就是古田会议决议。思想建党把党对军队绝对领导落到实处，政治建军破除了“民可使由之、不可使知之”的剥削阶级旧观念，士兵知道了“为谁当兵、为谁打仗”。古田会议决议一直指引着人民军队前进的方向。军队是执行政治任务的武装集团、政治工作是生命线是对军队政治化的高度概括；党的军队、国家的军队、人民的军队的统一是军队政治化的集中表现。军队一直把思想政治建设摆在首位，当了兵就能体会到部队浓浓的政治气氛。学政治、学军事、学文化，政治是第一位的；各种动员教育、谈心谈话，做事讲自愿、遵纪讲自觉，提高觉悟，思想放在了领先的位置上。同志之间开展讨论，畅所欲言；每周党团日、班务会，表扬批评、民主集中，平等互助、敞开心扉；周末有活动，文娱体育，官兵同乐，身心愉悦。大学生在这种环境中，思想觉悟就会不断提高，理想信念就会不断坚定，认识问题、处理问题的能力就会上一个层次，思想片面、行为偏激、急功近利都会在学习思考中随着思想政治的成熟而逐渐克服，正确的世界观、人生观、价值观在坚定正确的政治方向指引下形成。思想政治迅速走向成熟是立身做人之本。这一点，军队有着绝对的优势，是任何行业、任何单位所不能比的。

二、革除生活作风中的不良习惯。

90 后的年轻人，大多从小在长辈的精心呵护下成长，缺乏生活的历练，更缺独立生活的能力。一些家长送孩子当兵、一些人选择当兵，其中一条原因就是锻炼锻炼，改掉一些不好的毛病。毛泽东曾经说过，三湾改编后能成为新型的人民军队说明人是可以改造的。改造了的人为了理想信念又去改造社会。人民军队才从小到大、越战越强，最终战胜了蒋介石，建立了新中国。“当兵去吧，当当兵就变好了”，这话相当正确、相当到位。部队是改造人的大学校、大熔炉。除个别的外，绝大数能改掉坏毛病，收获正能量，变成或增加正能量。人改造环境，环境改造人。人时时刻刻都要受到现实环境的影响和制约。有什么样的现实环境，就会产生什么样的行为，就会造就什么样的人。部队思想教育、训练管理、物质文化生活等现实环境，对每个人的思想行为有着直接而深刻的作用和影响。大学生当兵来到的军营环境，是一个训练苦、管理紧、标准高、纪律严的特殊环境。在这个环境里，自由散漫、暮气落后被整齐划一、上进向上所代替。整不完的内务、出不完的队列、喊不完的口号、唱不完的歌、点不完的名，直线加方块，团结、紧张、严肃、活泼。走队列要用两眼的余光标齐排面，不管别人自己就会出洋相；叠被子搞卫生要下功夫，不然内务检查就要拉后腿。能打胜仗、纪律严明、作风优良的总要求，落到战士身上就是精神饱满、训练刻苦、工作积极、令行禁止，不怕苦、不怕累、雷厉风行、干脆利落。当一个好兵很难，像雷锋那样，要一辈子去努力、去奋斗；当好一个兵又不难，这就是违反纪律的事没有你——一定做到，工作肯干跑在前头的有你——争取做到。在部队这个环境里，你不敢懒惰拖拉、不能懒惰拖拉、不想懒惰拖拉，只有吃苦奋斗。从小学到大学，应试教育所造成的懒惰拖拉的坏习惯，将在部队这所大学校里一扫而光。

三、提高为人处世的能力。

部队有得天独厚的条件。从人员组成看，大学的同学虽然也来自五湖四海，但层次单一。部队则不同，东西南北中，大家来当兵，文化层次、年龄层次、需求层次都参差不齐，是人员上百，形形色色。从领导体系看，大学比较简单，部队则复杂得多，有思想领导、政治领导、组织领导，有班、排、连、营、团，领导方式是民主集中制，党委领导下的首长分工负责制，连队有三大民主，下级有三次建议权等。从目标要求看，大学给学生的是谋生的本领，部队给战士的是打仗的本领，一个流汗、一个流血，方法办法不同，内部的关系也就有很大不同。总起来说，部队领导层次分明，既讲服从又讲民主，既讲纪律又讲自由，既以理服人又讲战友感情。在这样的环境中智商转化为情商，就是一次弥足珍贵的学习机会。当兵即入学，退伍就毕业。军营是所“大学校”，增强了军人能力素质的复合性和全面性。一段丰厚宝贵的人生经历，为人处世就在其中。绿色军营学习、训练、生活等丰富的阅历，可以开阔视野。阅历就是财富，阅历就是能力，阅历就是人生。登高必自卑，远行必自弥。眼界、心胸均会为之开阔，想事情、看问题、干工作都会高人一筹。这些都是用钱买不来的。提高为人处世能力很重要的是因为部队教育管理比较到位，各项活动开展得有声有色，参与其中，锻炼、磨炼、淬火，进来是块铁，出去是块钢。许多大学生都说到当兵后最大的收获之一，就是学会了尊重别人，为人处世全面了。

四、练就强健的体魄。

“身体是事业的本钱”，拥有强健体魄的体魄是一个人成事立业的基础。部队严格的训练，能练就阳刚的气质、敏捷的反应、矫健的身型和结实的肌肉。几年下来，一个弱不禁风的地方青年在部队也够磨炼成一名身体强健、精神抖擞、英姿勃发的合格军人。迅速练就强健的体魄，这是军人职业的又一特殊优势。在外资、合资、政府及事业单位工作，花钱健身，还难以坚持。部队的身体锻炼不但免费，而且是工作，一切有健身愿望的青年，不怕在健身房流汗，还怕什么训练？何况到部队既健身又就业，何乐而不为呢？

采访总结

通过对部队的采访和调研，笔者深刻感受到：当兵，是一份全家受惠的政治荣誉。一人当兵，全家光荣，这会是一段终生难忘的美好回忆。生命里有了当兵的历史，一辈子都不会后悔。正如某些大学生士兵所说："算政治账脸上很光荣，算经济账个人不吃亏，算成长账全面受锻炼，算发展账进退有出路，咋算咋划算。"

现在大学生当兵，赶上了职业化，可以直接就业。复员再就业，也优势多多、选择多多。当今社会，大学生很难一次就业，跳槽选择、炒和被炒成为常态，从这个意义上讲，当兵就是一次就业，顺理成章。可以预测，在不久的将来，在军队，从士兵到将军，大学生会是主力，"将帅起于卒伍"，这个卒就是大学生士兵；在地方，不但企业家中会有更多当过兵的大学生的身影，在各级领导班子、社会精英中也会聚集更多的当过兵的大学生。军队是"大学校"、"大熔炉"，在这片广阔天地，大学生将大有作为。

一切志存高远而又脚踏实地的大学生，当兵去吧，当兵是报国就业的最佳选择！

后　记

从所有参与编写的同学聚到一起进行头脑风暴，到手捧这本凝聚了无数心血的小书，不知不觉已经有一年多的时间了。回想走过的这段时光，我们每个人心中都有万分感慨。

身为作者的我们，大都是第一次参与编书，而这样的经历对于一群普通的大学生而言，实在是太过珍贵。因此，我们首先要感谢周石老师和陈筱睿老师对我们的信任，让我们能够有机会参与到写书这样一个有趣的工作中来。并且，两位老师组织了一次又一次的讨论会，给我们提供了很多指导和建议，更是承担起了与出版社交流的重任，让我们青涩的想法一点点地成为了现实。

其次，感谢接受采访的数十位来自各行业的 HR 们。这些有着丰富经验的人力资源管理者们在百忙之中接受了我们的采访，并毫无保留地将他们的感受、经验和方法分享给我们，让我们能够给读者呈现出如此丰富和实用的信息。其实，对于我们这一群人力资源管理专业的学生来说，能够采访到这些优秀的 HR 也是受益匪浅。每次有同学完成采访回校，都会激动地讲起他们的采访过程和感悟。通过采访，我们深深地意识到了每一点成功的背后都有着每一滴的付出，求职成功的背后也有着我们能够总结和把握的规律和奥秘。我们之所以选择用对话的形式来完整地展示采访内容，就是希望读者也能与我们一起在这些字里行间找到触发自己思考或是感悟的地方，从而把握住属于自己的、能够撬开职场那扇门的钥匙。

感谢王晓翔编辑、郭晋慧编辑，是她们为这本书的出版倾注了大量的心血。

最后，感谢作者团所有成员。我们这一群来自劳动人事学院 2012 级的伙伴们，从求是楼中的一次次讨论到寒风夜里的一遍遍改稿，从寒假间四处奔波的采访到暑假后字斟句酌的统稿，大家在忙碌的学习中一丝不苟地完成着每一步的任务。正是有了大家的齐心协力，我们才能够在半年多的时间里完成这样一本有意义的书。

写到最后，当把这本书真正捧在手上的时候，我们每一个人心里都很舍不得。写书的确是一个很神奇的过程，当我们以作者的身份写完这本书时，才发现其实我们和读者一样，都是在以一种学习和汲取的态度来面对这本书。我们希望能够与读者一起不断从中获得新的感悟，能够与大家一同在书中成长。我们希望这本书能让你拥有在求职大军中脱颖而出的足够多的经验和方法。我们更希望这本书能够给你打开一扇窗，让你能从这里面找到属于你自己的能量。

感谢所有怀着梦想与希望读完这本书的读者们！

付灵锐　郭　金　王诗怡　付孟瑶　张昌剑　邓愚凡　黄仕琪
李思雨　董可馨　董可欣　李　想　杨　晨　徐　玥　刘立松
刘　畅　和　美　张　乐　付旭初　李俊婷　魏舒娴

2015 年 6 月 30 日